JN045440

新装分冊版

［実践版］

ヒマラヤ聖者への道

2

内なる無限の力と完全なる法則

ベアード・スポールディング 著
成瀬雅春 訳

ヒカルランド

私たちは、実に宇宙そのものであり、
宇宙の自意識なのです。
この宇宙意識から、
私たちはどのような知恵でも引き出せます。

最高の目標に達したいと願う者は、
まず自分の真我の深さを探求すべきです。

मशैलसिद्धानां जीविकोपदेशाः

人間にとって、生きていくことが困難になったのは、
内なる声に耳を傾けず、
むしろ、これを退けるようになってからです。
人が再び良心に立ち返り、
内なる声に耳を傾けるようになったとき、
人は生活の手段として労働することをやめ、
創造の歓びを味わうために働くようになるでしょう。

仏教にしても、キリスト教にしても、
隠遁、禁欲、遁世の僧院生活は必要でもなければ、
霊的進化を成就する真の方法でもなく、
またイエスの説く知恵とパワーの完全な表現でもありません。

キリスト教の指導者たちは、お互いに相手側の失敗を狙って、
宗派争いに身をやつしているので、
真の霊的生活の意味をほとんど忘れ去っています。
同様に、東洋人はその思想の中でも
密教的、秘教的また科学的な面だけに凝ってしまって、
やはり霊的なものを見落としてしまっています。

想念は、神の心と肉体の病、
あるいは地上の不調和との間の仲介者です。
想念こそ、
宇宙におけるもっとも強力なものなのです。

मशैलसिद्धानां जीविकोपदेशाः

舩井幸雄と『ヒマラヤ聖者の生活探究』

『ヒマラヤ聖者への道』は、すでにお読みの読者の皆様にはおわかりの通り、非常に面白く、人間の正しい生き方のヒントをたくさんくれる優れた本です。本書は著者のベアード・スポールディング氏の手によって第一巻が初めに書かれてから既に100年近く経っていますが、いまなおその文章は現代を生きる我々に新鮮さを与えてくれます。

今回ヒカルランドから新訳版を出すにあたり、『[実践版]ヒマラヤ聖者への道』と改題されました。

日本における『ヒマラヤ聖者の生活探究』は、昭和44年に霞ヶ関《かすみがせき》書房から出版され、長年名著としてひそかに読まれ続けてきました。中でも、この本が忘れ去られることなく多くの人々から求められてきた理由は、著者や訳者の功績も当然さることながら、長年講演や書籍の中で本書を宣伝し続けてこられた経営コンサルタントの船井幸雄先生による功績も大きいと思います。

船井先生は、生涯に何十回も読み直した本として、『ヒマラヤ聖者の生活探究』と、パラマハンサ・ヨガナンダ著の『あるヨギの自叙伝』（森北出版刊）の二冊をよく紹介されています。

しかもこの二冊のうち、より好きな本（すなわちあらゆる本の中で一番お気に入りの本）は、おそらく本書であろうと思います。

船井先生は、「私が何度も読み直す本」として、たいてい二冊を同時に紹介しますが、そのほとんどの場合において本書のほうがより詳しく紹介されます。また、口頭で「どちらも大好きな本だけれど、『ヒマラヤ聖者の生活探究』のほうが、より次元が高い気がするから、こちらの本のほうが好きだな」と仰っていたこともあります。

船井先生の秘書として働くようになって、まず初めに読むように言われたのが、本書であり、その後、私自身の人生観を変えてくれたのも本書でした。

霞ヶ関書房で出版されていた『ヒマラヤ聖者の生活探究』の訳者は仲里《なかざと》誠吉《せいきち》氏です。生前の仲里氏と船井先生は親しい友人だったそうです。残念ながら私は仲里氏にお目にかかったことはありませんが、船井先生から仲里氏について「非常に人間性のすばらしい方」だったとお聞きしたことがあります。「あれだけ人間性の高い仲里さんが認める本だから、『ヒマラヤ聖者の生活探究』は、事実であるように思えて仕方がない」と講演でも紹介されていました。

また、かつてムー大陸が沈んだ時に、標高の高い聖地のような場が沈まずに残ったのが、今の沖縄県の島々であること、それ故沖縄県は他の国土に比べて磁場が高く、今も直観力の高い人が多く住んでいることを船井先生から教えていただいたのですが、その話の中で沖縄県に住む直観力の高い人の一人としてまず初めに仲里氏のお名前を出されていたことが印象的でした。

霞ヶ関書房から出版された仲里氏の訳には、各章に詳しい注釈がついていて、深い知識を得ることができます。読むと魂がぐっと背伸びできるような気持ちにさせる気高い名文で、私は仲里氏の名文に、どれだけ救われてきたかわかりません。苦しい時やつらいことがあった時には、声に出して音読することで、仲里氏の綴った美しい言霊の波動を感じて、苦しみの波動を忘れることができました。それは本書に出てくる大師方をはじめ、著者のスポールディング氏、訳者の仲里氏の持つ波動が、「愛の波動」を思い出させてくれたからだと思っています。

そのように、仲里氏の文章はすばらしいものですが、仲里氏は1916年、大正生まれの方ですから、その文章は若い世代の人には、少し難解に感じるところもあったかもしれません。またその気高さゆえに、読者を選んでしまう性質もあったように思います。実際に、様々な方と本書について話した際に、「難しくて最後まで読むことができなかった」「何度読もうとしても、なぜだか途中で寝てしまう」（これは潜在意識に深いメッセージが届いているからだと思いますが）という声を何度か聞いたことがあります。

このすばらしい本が、一部の人にしか読まれないのはもったいない、若い世代の人にも紹介できないだろうかと、私は常々考えておりました。そのため、船井先生が設立された勉強団体「にんげんクラブ」の会報誌の中で、本書の簡単な紹介文の連載を二年間にわたって続けたり、ブログで紹介したりといろいろと活動し続けてきました。

この度、標高四千メートルのヒマラヤで十二年もの修行をされたヨーガ行者である成瀬雅春氏によって、本書の訳が新たに生まれ変わり、ヒカルランド社から出版されることになりました。長年ヨーガを修行された成瀬氏だからこそわかる、著者の伝えたい細かいニュアンスが、生き生きとした文章となって伝わってきます。本書が、若い世代の人にもよりわかりやすく、親しみやすい本になったことを嬉しく思います。これは本書が、より多くの人に受け入れられる時代になってきたということなのでしょう。

ところで、船井先生は多くの著書の中で本書について触れていますが、その中でも最も多く触れている本の一冊が『にんげん』です。

ここで『にんげん』の中で船井先生が本書について触れている部分を紹介したいと思います。

私は仲里さんと、いつも二人で本書の内容について、次のように話していました。

「にんげんの本質は、宇宙（創造主、サムシング・グレート）の本質と同じと考えられる。ゆえににんげんには無限の能力が潜むと考えてもいいだろう。普通の地球人が、この本に書かれているヒマラヤ聖者の能力を不思議だと思い、そのようなことができないのは、宇宙（世の中）の構造や、にんげんの正しいあり方を知らないからだ。ヒマラヤ聖者たちはそれを知っている。だから、いろんな不思議と思えることができるのだ。

やがて、われわれも知るようになるだろう。われわれもヒマラヤ聖者のような、いまのわれわれの常識から考えると不思議だと見える能力を持てると思う。ともかく同書の内容は著者のにんげん性から考えても事実と判断したほうがいいだろう」と。

読者の皆さんは、どのように考えられますか。同書をぜひ一度、御読みください。

私は、もし地球がアセンションしたならば、そこに住む地球人は、全員が、この聖者たちのような能力を持つようになると思っているのです。しかし、地球がアセンションしなくとも、われわれ地球人が正しく生きてにんげん性を向上させれば、ヒマラヤ聖者のような能力は持てるだろうと思うのです。

それは「世の中の構造」を知れば、そう思えるからです。

地球やわれわれは高次元界とともに存在しています。決して三次元界にだけ存在しているわけではありません。本書で述べてきたように、われわれは高次元界のことを、最近になっていろいろ知り始めました。

そこには時間がない。空間はあるが、思うと、いつでも思ったところへ移動できるので、三次元界のように制約に満ちたものではない……いろいろなことを知りました。

また、世の中は、三次元界も高次元界も、すべて「波動の原理」というたった一つの原理によってできているし、運営されていることも知りました。

それには①同じ波動のものは引き合う、②違う波動のものは排斥し合う、③自分の出した波動は自分に返ってくる（フィードバックの理）、④波動には優位と劣位があり、優位の波動は劣位の波動をコントロールする……以上のたった四つしか原則がありません。

創造主は、この「波動の原理」の四番目、優位と劣位の原則を使って、世の中を創造し、あとはすべて、この四つの原則の波動的作用で、世の中自体とその部分部分が自由に勝手に生成発展できるようにされたはずだと思うのです。

そのための条件は、公正と調和であり、そのための具体的方針としては、私が「真の自然の理」＝「天の理」と呼んでいる（A）単純化（万能化）、（B）自由化、（C）共生化、（D）効率化（節約化と能率化）、（E）公開化の五つが主要なものだと思います。

創造主は、次のようにして「世の中」を創られたのだと思います。これは私の仮説ですが、ほかに考えようがありません。「自分＝創造主」も含めて、すべての存在が調和しながら公正に生成発展する世の中を創りたい。方針というか条件は、主として五つある天の理にすべての存在が従う世の中であればよい。「それでは、このような方針と条件下で、世の中よ、できてくださいね」と決心され、号令をかけられただけだろうと、推察しているのです。

創造主はいちいち、このような星を作り、このようなにんげんや動植物を作ろうといった細部までの計画を立てて、「世の中」を創られたのではないと思います。

それで「世の中」ができたはずです。現在の宇宙とは、当初はかなり違ったものだったでしょうが、それが生成発展して、現在のようになったはずです。

創造主の「思い」は、「世の中で」最も優位な波動を出しているものですので、すべての他の波動をその思いでコントロールします。そのため、創造主の意に沿った「世の中」ができたのだと思います。

創造主は、一つひとつの細部計画などは、一切立てなかったに違いないと、私は思うのです。その理由は「自分がやらねばできないこと以外は、他者に任せて、それらに自由にやってもらうほうがよい」というのが、宇宙での、自由についての原則だと思うからです。

多分、次のような方式で世の中ができたのでしょう。

創造主の思い　↓　ブラック・ボックス　↓　思いが実現した

なぜ、このように思うのかと言いますと、世の中の大ルール、すなわち私が「天の理」といい、「真の自然の理」といっているのは、①単純で、②自由で、③効率的で、④共生的なものです。それゆえ、⑤開けっ放し（公開）だといえるとも思います。

これに則りますと、「自分でしかできない最低限のことだけを自分でやり、後は、他の存在に自由に任せるのが、宇宙では最も正しいやり方」ということになりますから、創造主も、これに従って宇宙やすべての存在やシステムを創られたに違いないと思うのです。

もっと簡単に言えば、創造主は彼にしかできない大条件だけを決めて、「調和しながら、すべてが生成発展する『世の中』『宇宙』を創りたい……と思い、決心し、それは『成立した』と思って、『ゴーサイン』を出しただけだ」と考えるのが、最も合理的です。

従って、われわれも、創造主の意識波動に近い意識となれれば、「こうしたい。こうなった」と決心し、思えば実現するはずです。なぜなら、それは「優位の波動」だからです。

三次元世界も宇宙の中の世界ですから、「思いの実現」は可能なはずです。

ヒマラヤ聖者たちの意識は、恐らく創造主の意識と近かったか同じだった、だから彼らの思うことは、即、実現したのだ……これが、私の考えです。

創造主の意識の特性は、①愛に満ちている、②エゴや損得の気持ちがない、③どんなことにも執着しない、この三つが中心だと思います。われわれ三次元界に住む地球人も、この三つを実践すれば、それを意識として思ったり行動するなら、ヒマラヤ聖者と同じような生き方ができるのではないでしょうか。

(『にんげん』船井幸雄著　ビジネス社刊より抜粋)


いかがでしょうか。

船井先生の文章には、本書に出てくる大師方や創造主の特性が、非常に簡潔に表れていると思います。この文章を踏まえた上で、もう一度本書を読んで大師方の仰っている言葉を分析されてみると、より深い理解ができると思います。

なお、文中に出てくるブラック・ボックスの中身は、知る必要のないことだそうです。たぶん創造主でさえもご存じなかっただろう、と船井先生は仰っています。ただ強く確信して思うことで、自然と思いは実現するのだそうです。

経営コンサルタントや経営者業をする傍ら、世の中の構造と、にんげんの正しいあり方を長年研究し続けてきた舩井先生にとって、本書は正しい生き方を知るための、非常に有益な資料であったに違いありません。また、舩井先生ご自身も、経営者業を続けていく中で、時に悩み、苦しんだことがあっただろうと思います。そんな時には、本書を手にとることで、大きな（創造主からの）視点に立って、苦悩の解決の道が見えてきたのではないでしょうか。

本書は、何年経っても、何度読んでも、常に新しい発見のある書です。一ヶ月に何百人もの新しい人々と出会い、何十冊もの新しい本を読まれた舩井先生でさえも、本書を長年読み続けてこられました。同じ文章でも、繰り返し読むことで、きっと深い部分で新たな理解ができることでしょう。ぜひ多くの皆様に、一度読んだだけで満足することなく、何度も手にとっていただきたいと思っています。

また時には私のように、本書の内容が難しいと思われる方には音読をお勧めいたします。音読をすることで、言霊の力に助けられることもありますし、口のまわりの筋肉を動かすことによって脳の血流がよくなるからか、より理解力が深まる効果があったことも付記しておきます。

最後になりますが、このようなすばらしい本の中に、船井先生の代理としてここに拙《つたな》い文章を書く機会を与えていただいたことを、心から感謝しております。座右の書として本書を読んできた私にとって、この文章を書くことが、どれだけありがたく幸せなことであるか、言葉にできないほどの感動をしております。

この度、本書にすばらしい訳を手がけてくださった成瀬雅春様、このような機会を与えてくださった、船井幸雄先生、株式会社ヒカルランドの石井健資様、豊島裕三子様、小暮周吾様、また今はまだ目にすることはできませんが、見守ってくださっている本書に登場する大師方、そして本書を手にとっていただきました読者の皆様方、この度はありがとうございました。より多くの皆様が、本書によって新しい気付きを得られ、日々の生活に愛と光がよりいっそう満ち溢《あふ》れますことを、心からお祈りしております。

にんげんクラブ編集室　兒玉裕子《こだまゆうこ》

7　船井幸雄と『ヒマラヤ聖者の生活探究』

第1章　イエスの出現とその説法／神秘と神話の歪みを払拭した真実のイエス

30　岩壁を掘り抜いて造った大T字型寺院はナアカルの記録保存庫だった
35　キリスト思想を歪めた身代わり贖罪ではなく「イエスの生き方」を見てほしい
38　仏教やキリスト教における隠遁、禁欲、遁世の生活は霊的進化を成就する真の方法ではない
39　イエスにイニシエーションを授けたのはエジプト第1王朝トス大王の侍従だった
40　インドで仏教の教えを学んだイエス
42　歪められたアトランティス生まれのオシリスの驚嘆すべき教え
43　仏陀に教えをもたらしたのはナアカル

45 オシリス、仏陀、イエスに共通する悟り
47 イエスの偶像化はひどい誤りであり、イエスの生涯の大部分は実は復活の後にある
49 イエスを祭壇の上に祀り上げ、奇跡と神秘で取り囲み、迷信という亀裂を深めたわけ
53 「私を磔にした人々を、私はとうの昔に赦した。どうしてあなた方は、死を完全に超越した今の私を見ないのか？」

第2章 希望実現の方法／望みはすでに「今ここ」にあり

60 今から数十万年前に高度の文明を持ったウイグル帝国があった
63 望みは祈りの一形式／必要なものはすでに自分のものとなっていると知る
66 神に願う方法／いつ、どこで、どのようにしてということはすべて神に任せる
73 望みが叶えられない場合でも、疑わずに祝福と感謝を注ぎなさい
75 大気の中に「理念の波動」を放射して肉眼に映すという偉大な仕掛けがある
78 アメリカが物質主義を超えて神霊界にアクセスするとき大変貌が起こる
80 先祖崇拝は国民に堕落をもたらす直接原因の一つ
83 平板に記録された「ムー」または「M」／神のはじめての被造物

第3章　老人の死と蘇り

88　完全な悟りに達することができないと「死」という過ちを犯す
93　死から起き上がった老人
94　死から起き上がった友が語ったこと――「永遠を目の当たりにした歓びを伝えたい」
98　嵐の中で道に迷い凍死しかけた男性が、一瞬で起き上がった

第4章　神人一体／人類に数千年間示され続けてきた〝目覚め〟

102　私たちは宇宙そのものであり、宇宙の自意識である
105　人間は神から引き離されることができないという法則
107　蘇りの真の意味は、自分が大師であるという意識に目覚めること
109　私たちが神性を取り戻すとき、ダイヤモンドよりも煌めく結晶状の白光が現れる
112　あなた方には特別の使命があり、与えるべき光をもっていて、他の者では成就することのできない仕事がある

第5章 地獄・悪魔・神についてイエスは語った

118 神の完全な計画のどこに悪魔が存在し得るのか。悪魔の力は人間が与えたものだ
121 神とは一体誰のことか、何のことか？
126 最初の人間とキリストは一つであり、すべての人間とその最初の人間は一つである
131 キリストが一人誕生するごとに、人間は一段ずつ向上していく

第6章 癒しの方法／脳細胞に波動を定着させる想念について

138 戦争、地震、洪水が起こるのは、人間の脳細胞の働きのため
141 人間自身の無知な考えから造りだされた不調和が、そのまま現実になる
143 エミール師が作った粘土細工に息を吹きかけると、その人形が動き出した

第7章 死んで蘇ったチャンダー・センの教え／すべての人々のハートにキリストが誕生する日

150 いったん死んでから生き返った老人は、老齢の痕跡一つなく、若返り以上に変容していた
152 私たちを取り巻くオーラという想念はまる見えなので、何人《なんぴと》も自分自身を隠せない
154 神の遍在、全能、全知という人間の霊的三位一体について
156 人間は霊と肉体の二大極致の中間にあり、いずれからも離れずにあるのが魂または心

第8章 天才への道／数百歳になっても肉体をもって生きていられる理由

164 体内エネルギーと生命液を、浪費するか保存するかでまったく違ってくる
168 生命液は血液よりも何十倍も重要であり、天才とは生命力を純粋なまま保存した人

第9章 馬賊に襲われる／他を貪る者は必ず滅びるの法則

174 エジプトを遥かに凌ぐ華麗な王朝が眠る土地
177 「運命は自ら招く」――このことを悟らなければならない
180 強烈なブリザードに襲われたが、テントの中は魔術のように大気が静まり温かかった
184 馬賊たちをテントに避難させる

神の家を我が家として住まう者には、嵐も風も波もこれを害することなし 188
殺戮本能を有する動物は、姿を消しつつあるという事実 190
闘うものは常に負ける／自然不滅の法則は、他を貪り食う者へ絶滅を宣言している 192
かつて科学や芸術を知り、生命の根源を崇拝していた馬賊たちの先祖が、後にヨーロッパの大きな種族になった 194

第10章 パンの奇跡／内在のイエスの力と一つになるということ

ウイグルの古代都市、最古最大で宝物の豊かな大都市が出現した 200
騎馬の人形が動き出し、馬賊が大混乱する 202
エミール師の母君や息子と娘たちの14名がいきなり現れる 207
大きな一塊のパンが虚空より現れ、一向に減らない奇跡 210
人間の困難は、内なる声に耳を傾けず、これを斥けたことに始まる 214
人類に本当に必要なのは、偶像ではなく、理念だった 217

第11章 治病の原理／「赦しと想念」におけるジャストの説法

222 死は克服するものではなく、死の上には一層豊かな生命があるだけ
227 病や不調和は人間自らが引き起こしたものであり、人間のみが病を消し、赦し得る唯一の者である
230 自分が神聖であると悟った瞬間、すべての制約から解放される
234 イエスの治療方法の根本はすべて、心にある原因を取り除くこと
238 想念こそ宇宙におけるもっとも強力なもの

第12章 地下廃都の文明／それは王・人民・僧侶の始原

242 キャンプの下に横たわる23万年前の古代都市では、数千歳の寿命はざらだった
247 原始僧侶団と俗界の行政者集団の始まりがここにある

第13章 仏陀の出現／あばら家が美邸に変身する物質化の技

252 エミール師の母の驚くべきヒーリングと物質化の神秘
261 イエスと仏陀は聖なる真理、人間の偉大な可能性を自分の上に実現してみせた
266 世界のすべての宗教や聖典は、人間に高度のパワーが内在することを啓示している
270 地球のバランスを保っているものはハートの中の平静とパワー、そして愛という完全なる想念

273 一条の強烈な光と共に現れたイエスと仏陀／他者を裁き断罪するのは、自分自身を裁くことである
280 「偉大なる仏陀」と「天上の方イエス」へのお詫び

第14章 僧院長とラマ僧たちとの親交

288 夢幻の中から現実化し突然「出現した」新しく美しい家へ
292 教育レベルの高いラマ僧たちと結ばれた強い絆

第15章 霊群を支配する超パワー／視力を失った女性も癒された

296 少女の心のあり方を通して、エミール師の母は貧しい一家を救った
299 25年間見えなかった女性の目が突然見えるようになり、衣服が新しいものに変わった
304 普遍、久遠、無限の全体は一者より出て、また一者に還る
306 各人の中にアルケミストの純金、いと高き者の叡智が実在する
310 津波を鎮め、風を支配し、群衆を統制する驚嘆すべきパワー

第16章 偉大なる魂たちと共に過ごした2年目の終わり

316 馬賊たちに下にも置かないもてなしを受ける
318 馬賊から進呈された護符は、700年以上も昔に造られた銀貨だった
320 梵鐘の完全なハーモニーの中、イエスと僧院長、エミール師が現れる
323 イエスの教え／私は、今ここ、この地上で、生きる人々の中に天国を見た
326 すべての人の想念の中に、魂を照らす錬金術がある
328 内在のキリストの教えは、無限なる全能の錬金術である
332 生命と肉体を完成すれば、たとえ破壊されても再建し、一層輝く

カバーデザイン　櫻井浩（⑥Design）
本文デザイン　櫻井浩＋三瓶可南子
翻訳協力　山川紘一郎
　　　　　合田秀行
本文仮名書体　文麗仮名（キャップス）

第1章

イエスの出現とその説法／神秘と神話の歪みを払拭した真実のイエス

岩壁を掘り抜いて造った大T字型寺院はナアカルの記録保存庫だった

1月1日、私たち一同は早朝に起床し、心身共に感覚がシャープになっているのを感じました。

また、これまでのさまざまな体験でさえ、まだまだ序の口に過ぎないと思われるようなことが前途に待ち構えている予感がしていました。

私たちが朝食のテーブルを囲んでいると、ここへの道中で1泊した小村にあったエミール師の実家の屋根の上で会った人が仲間に加わってきました。私の夢を解き明かした人といえば、読者のみなさんも記憶にあることでしょう。

挨拶を交わすと、彼は言いました。

「あなた方は、もう1年以上もの間、私たちと一緒に旅をし、生活も共にしてきたので、今ではきっと私たちを信頼してくれていることと思います。みなさんは、この4月か5月までは、私たちと一緒に居られるでしょうから、みなさんもご覧になった、村外れの崖《がけ》の岩を掘りぬいて造った大T字型寺院へご案内しようと思ってこちらへ来たのです」

後で判《わか》ったことですが、この寺院のたくさんの部屋は、高さ600フィート（183m）以上もある垂直な崖岩をくり抜いたものです。部屋になっている穴は、岩壁に掘り込まれているので、壁という壁はすべて岩です。

採光や換気のために窓を必要とするところは、南に向けて崖の外壁をくり抜いてあり、広さ約8フィート（2・4m）四方もあります。1階、すなわち低いところの部屋以外は各部屋に窓が二つ空けられていますが、1階の部屋の窓は一つだけで、寺院のちょうど東の岩壁の巨大な裂《さ》け目に繋《つな》がっています。寺院のたくさんの部屋をくり抜くまでは、この部屋には裂け目で終わっている入り口の他には、開いたところは一つもなかったのです。

窓は後で造られたもので、坑道への入り口は、初めは巨大な丸石の下に隠されていたようです。この丸石は、崖の側から崩れ落ちて途中で突き出た岩棚の上に乗っかった岩塊の一つです。

また、この丸石は通路から落として、定位置につけるよう調整されていて、いったん定位置につけると、外部から動かすことができない仕組みになっています。

この岩棚に到着するには、上から揚げ降ろしできる49フィート（15m）ほどの梯子以外に手段はありません。

窓には、底の轍《わだち》にピッタリ合う大きな平たい石が収まっていて、開閉できるようになっています。いったんピッタリ収まると、村に立っている人からは、出入り口がまったく気づかれない仕組みになっています。

この地方の遥か北方までを荒らす盗賊団に対する自衛策として、こうした設計がなされたのです。この盗賊団は、時には南のこの村までもやって来ることがあり、村は数回襲撃されましたが、人間の方は、この寺院に避難できたので、傷を負わずに済みました。この寺院は大師たちが建てたのではなく、極めて貴重な記録の保管所に充てるために、大師たちが村民から買い上げたもので、その後、盗賊団の襲撃は収束し、村の略奪も止《や》み、村人は安らかに暮らせるようになったのです。

これらの記録の中には、人類がこの地上に到来した頃まで遡《さかのぼ》れるものもあるそうです。また、これらの記録はナアカル（聖なる兄弟たちという意味）のもので、この聖なる兄弟たちは、『人間の母国』から直接やって来たといいます。

彼らは直接ビルマ（現・ミャンマー）にやって来て、ナガ語を教えたそうです。この記録は、この人々の先祖が、スーリヤ・シッダーナと初期のヴェーダの作者であることを証明しているようです。

スーリヤ・シッダーナは、天文学についてこれまでに教えられている著述の中で最古のもので、この記録では2万5000年前の著作、初期ヴェーダは4万5000年前の著作としてあります。

この記録の中には、原本から写本してこちらに持ってきて保存しているものもあるので、全部が全部原本ではありません。これらの副本は、バビロニア記録の底本の写本とされていて、それらの底本はオシリアおよびアトランティスの記録の原本の写本です。

寺院は7層にわたって上下の部屋が正確に重なるようになっていて、固い岩に刻み込まれた石段で、部屋と部屋との行き来をするようになっています。階段への出入り口は部屋の片隅にあって、そこに入るとすぐ階段に繋がっています。

階段は45度の傾斜をなし、昇りつめると、約8フィート（2・4m）四方の踊り場があり、そこからまた上の部屋への入り口がくり抜かれています。下の部屋の天井と上の部屋の床との間は約8フィート（2・4m）の固い岩で、7番目の上の部屋の天井は、崖のてっぺんから98フィート（30m）ほど突き出た岩棚の約12フィート（3・7m）下で終わっています。

この部屋から開口部に出る階段があり、壁をくり抜いて造った5室の中の真ん中の部屋に通じています。真ん中の部屋を中心に両側に部屋が二つずつ配置されているので、全体が巨大なT字型になっています。

上の各部屋は、岩棚が玄関あるいはバルコニーになるようにくり抜いてあり、その出入りも岩棚からするようになっています。

崖は、柔らかく目の粗い花崗岩です。工事は明らかに粗製の手器で行っているため、きっと完成までに長い歳月を要したに違いありません。それでいて、木材は一切使用していません。ただ、大師たちが入手してからは、木材も投入し、各部屋は非常に居心地が良くなっていて、日差しの良い日はとりわけそうでした。

キリスト思想を歪めた身代わり贖罪ではなく「イエスの生き方」を見てほしい

　この寺院を入手してからというもの、窓を閉めたことはなく、入り口は戸を建てつけたこともないのに、真の霊的悟りに類するものを会得した人以外は、滅多に訪れてくる人もいないそうです。

　大師はこう語りました。

「今日のこの日は、あなた方にとっては、新しい年の始まりです。旧い年はいわばあなた方の人生から過ぎ去り、二度と戻って来ません。戻ってくるとすれば、それはただ、歓びや悲しみや不安が記憶として、特に仕事への懸念が波のように戻ってくるだけです。そういうものは別として、過去はもはや忘れ去られ、過ぎ去ったのです。それは、あなた方にとっては、もはや人生の記憶から破り取られた一頁でしかありません。

　私たちはそれをただ、さらに一段上への到達と新しい勝利、前進の一時期、私たちをより多くの輝かしい神性開顕《かいけん》へと駆り立てる時期、より大いなる約束と開悟の一時期、より大いなる奉仕を成し得る一つのとき、経験を重ねていくごとに若く、強く、愛される者となり得るときとみなします。

あなた方は『なぜそうなのか』と心の中で思っていますね。それに対する私たちの答えは、自分自身の結論を出すためには、自分自身の人生を選びなさいということです」

隊長が、話の腰を折るなどとは考えもせずに、口をさしはさみました。

「私たちは、自分の目で確かめてから納得したいと思います」

これを受けて大師は言いました。

「人生の目標を立てて、立派に生き抜いたのを見ても、悟らない人々やその意識全体を把握しない人々にとって、これから後、教訓となるものがあります。といっても、何も禁欲、苦行、超然、あるいは悲哀の生涯のことを言っているのではありません。それどころか、ただ歓びと美しさの中に目標を達成し、すべての悲哀、苦痛が永久に消え去る生涯です」

次にやや気まぐれな口調で、言いました。

「あなた方は、自分の目で見て知りたいという願望を表現しました。願望というものは、表現するや否や実現するものです。この集いを見ていると、あなた方の聖書の句に表現された思想が思いだされてきます。それは、『二人であろうと三人であろうと、私の名において集まる所には、私もまたいるだろう』。この聖句を実際に適用して実証しようとはせずに、単なる言葉の遊戯としてしまうことの方が、これまでどんなに多かったことか。

イエスの教えについて、みなさんが犯してきた重大な過ちは、それをおぼろな過去のものにしてしまって、強く思念しさえすれば、今ここですべての人々の日常生活に適用できるものであることを知ろうとはせず、何かしら神話的な、神秘めいたものにしてしまい、死後でなければ得られない、とみなしていることです。とは言うものの、私たちは別にキリストとしてのイエスがその悟りの中で、他の時代や民族における多くの先見者や預言者でもまったくできなかった生き方をしてみせた、と主張しているのではないことを理解していただきたいです。

ただ、私たちはイエスの生き方を強調したいのです。

それは、あの生き方こそあなた方にとっては、他のどんな生き方よりも理に適《かな》っているからです。

イエスの生涯を特にここで取り上げるのには、ただ一つの目的と意味しかありません。

それは、彼の生涯と経験は彼の教えの生きる証しであるという事実、また、人々の信仰を呼び覚まさずにはいられないという事実です。キリスト思想を幾世紀にもわたって歪《ゆが》めたあの身代わり贖罪《しょくざい》という独断は、山上の垂訓や放蕩《ほうとう》息子の寓話《ぐうわ》の造り主の責任ではないのです。

仏教やキリスト教における隠遁、禁欲、遁世の生活は霊的進化を成就する真の方法ではない

キリスト教思想の指導者たちによって、イエスと彼の教えの信奉者たちは、その教えを日常の中で活かしていくことや、神の力を研究することから遠のいてしまいました。

彼らはイエスの教えの基礎となっている法則が、すべての人々の日常生活を通じて、納得がいき、経験もできる精密科学であると教えようとはせず、イエスの死後の使徒たちの経験とみなすように教えてきたのです。一方、東洋人は、自分たちの宗教の中の科学的な面だけを研究と達成の至上目的としてしまい、そのため彼らは彼らで、別の極端に走ってしまったのです。

こうして、双方ともその宗教を奇跡と超自然の世界に押しやってしまいました。西洋の宗教は倫理的な面に熱中し、東洋の宗教は、科学的な面にだけ熱中してしまい、こうして

両者がその霊性を閉じてしまったのです。**仏教にしても、キリスト教にしても、隠遁《いんとん》、禁欲、遁世の僧院生活は必要でもなければ、霊的進化を成就する真の方法でもなく、またイエスの説く智恵とパワーの完全な実現でもありません。**こうした僧院生活は数千年も存続しているのに、イエスがこの地上での短い一生の間に、その教えをもって庶民の向上に尽くしたほどのことも、成し遂げてはいないのです。

イエスにイニシエーションを授けたのはエジプト第1王朝トス大王の侍従だった

イエスはイニシエーションを度々受け、いわゆる神聖なる秘教や諸々の儀式を研究し、後にオシリスの教えを受け、それらをすべて包容したことはよく知られています。

これらの秘教や儀式は、すべての人為の儀式や僧院儀式および唯物的な礼拝形式を超越した僧侶が、イエスに解き明かしたものなのです。

その僧侶というのは、エジプト第1王朝のトス大王の侍従でした。

トス大王は、人民の権利を奪取し、その上に君臨する独裁者として、エジプトの帝国化を宣言しました。その数百年前には、国民はオシリスとその信奉者たちの指導の下に、調和と同胞愛の輝かしい文明を築きあげていました。この国民は純粋な白人種で、イスラエル人と称され、ヘブライ人はその傍系なのです。トスは賢明な統治をし、オシリスの教えを維持しようとしましたが、彼の治世の後、トスを王位につけた南エジプト人、すなわち肌の黒い遊牧民が勢力を得るとともに、暗黒思想が忍び込み、その後の歴代王朝はオシリスの教えから離れ、次第に黒色人種の暗黒思想を採用し、遂《つい》にはまったくの黒魔術が横行するに至り、帝国は間もなく崩壊するべくして崩壊しました。

イエスはこの僧侶の教えを傾聴し、その深い内的意味をよく把握しました。

また、仏教の教えによって得た洞察力によって、この僧の教えと仏教の根底には大きな類似性があることにも気づきました。それでイエスは、その時分に整っていた隊商路でインドに行こうと決心したのです。

インドで仏教の教えを学んだイエス

インドでイエスは、相当純粋に保たれていた仏教の教えを学び、さまざまな種類の儀式や独断的な教義が人間によって押し付けられてはいても、宗教の根源はただ一つであって、それはイエスが我が父、すべての者の父と呼んだ内なる神であることを遂に悟ったのです。そこでイエスは、すべての形式を放下《ほうげ》し、直接神に至り、愛深き父なる神のハートに直接アクセスしました。そこまで至った彼の悟りの境地は、実に驚嘆すべきものです。

このような境地に達するには、なにも数々の教義や儀式、信条、形式、イニシエーション等を長い歳月をかけて遍歴する必要はないことが判りました。これらの教義その他は、僧侶階級が一般人を無知にとどめ、従って隷従の境遇におくために掲げたものだったのです。

自分の求めているものは、実は他ならぬ我が内に在ることを悟ったのです。

キリストになるためには、自分自身が本来キリストであることを宣言しなければならないこと、また、それを自分の肉体に現すためには純粋な動機、思い、言葉で自分の求める生き方を生き抜く必要があることが判りました。

このことを発見したとき、イエスは社会に乗り出してこの悟りを世界に宣言する勇気を得たのです。

イエスが悟りを誰から、あるいはどこで得たかは問題ではありません。大事なことは、悟りを得たことであって、それも誰か他の人から得たのではなく、彼自身で得たことなのです。

イエスが一念発起したのは、庶民のためでした。その庶民は彼の説法に喜んで聞き入りました。イエスはその教えをインドやペルシャ、エジプトから借りたのではありません。それらの国々の教えは外形的なものに過ぎず、結局それがイエスをして彼自身の神性、その表れとしてのキリストを知り、それが各人に内在すること、少数の人々のみならず、すべての人々に内在することを悟らしめたのです。

歪められたアトランティス生まれのオシリスの驚嘆すべき教え

オシリスは、3万5000年以上も前のアトランティスに生まれ、数々の驚嘆すべきことを成し遂げたので、当時の年代記作者たちは、彼を神と称しました。彼は、『人間の母国』にその考え方を明確にとどめている高遠な思想を持った人々の直接の末裔《まつえい》でした。

今日我々に伝えられている神話的な人物は、ほとんど全員がそうした人たちです。その業績や人物像は、繰り返し話され翻訳されているうちに、歪曲《わいきょく》されてきたのです。時間をかけて思慮を働かせることをしない人々は、彼らの業績や偉業を、超自然的なものと見なしてしまいます。しかし、その労を惜しまなければ、より深い意味へと辿り着くことができます。すなわち、彼らの業績や偉業は、自分の真の領土に立脚した人にとっては、当然なる天与のものだとわかるのです。

年代記作者たちは、オシリスを神に祀り上げると、今度はその像を造り始めました。この像は始めのうちは、オシリスの業績や人物像を象徴するだけでしたが、次第に像の方が心の中に固定化してしまって、表されている理想の方は忘れ去られ、遂に虚しい偶像と成り果ててしまいました。

仏陀に教えをもたらしたのはナアカル

仏陀もまた、その死後遥か後代に、年代記作者たちによって神様扱いされた別の一例です。

今までに造られた数多くの仏陀の像を見てごらんなさい。表されている理想ではなく、ただその像が崇拝される結果に成り果てているではありませんか。

ここにもまた、新しい偶像があるのみです。その他諸々の象徴もみな同じ轍《てつ》を踏んでいます。

仏陀の受けた教えも源は一つですが、受け方が異なっていました。仏陀の触れた教えは、母国から直接ビルマにナアカルたちがもたらしたものですが、オシリスの場合は先祖が『母国』に住んでいたため、青年時代にそこへ留学したので、直接その教えを受けたのです。

留学が終わると故郷へ帰り、アトランティス人の指導者となり、周囲の暗黒人種たちの影響を受けて次第に暗黒思想に戻りつつあった人々を、内在の神を崇拝するように引き戻したのです。

モーセも後世の崇拝者や年代記作者たちが神様に祀り上げてしまった指導者の一人です。彼はイスラエル人だったため、バビロニア人の記録に触れて、そこから教えを受けたのです。この記録があなた方の聖書の一部となっているわけです。モーセはこの記録で見たり学んだりしたことを、正確な形と言葉で書いています。ところが、彼が書き残した事実を後の翻訳者たちが歪曲してしまったのです。そういう例は、まだまだいくらでも知っています。

イエスはこれらの教え全部にアクセスし、いかにも彼らしいやり方で、これらの教えの核心に触れました。しかも、さらに一歩踏み込んで、自分の肉体を十字架にかけるところまで極め、後に勝利の復活を遂げました。

オシリス、仏陀、イエスに共通する悟り

オシリス、仏陀、イエスの教えを学んでみると、多くの共通点があることが判ります。事実、時には同じ言葉が使われていることに気づきます。これは、三名のうちの誰かが、他のものを写し取ったのでしょうか?

諸々の教えは、彼らに外から内に至る道を示したのです。その時彼らは、ただ単に教えること、写すことを一切やめ、前進したはずです。三名のうち誰にせよ、もし自分が見たり教えられたりしたものをただ写し学ぶだけで、すべては内在の神から発するものであることを悟れなかったら、彼らは依然として学ぶだけにとどまり、その言行が後世にまで記

録されて残ることはなかったでしょう。

　これら三人の崇拝者たちは、彼らをいずれは消えゆく王国の王につけようとしましたが、三人とも耳を貸そうとせず、いずれも、『我が国は物質の世に非ず、霊の国なり』と、同じ考え方をほとんど同じ言葉で表した点から判断して、同じ経験を経てきているのです。にもかかわらず、オシリスの場合、後世の年代記作者たちは、極端にも、とうとう彼をエジプト王にしてしまうという愚行を演じたのです」


　ここで話はいったん終わり、私たちは寺院の方へ歩いて行きました。

　下の部屋に着くと、師は再び語り出しました。

「これからこの寺院を、部屋から部屋へと上に昇って行くわけですが、この際、何人《なんぴと》も自分の権利を他人に与えられるものではないということを、どうか忘れないでいただきたい。自分の理解力を発達させれば、誰にも負けないようになることがお判りになります。自分の権利や自分の持っているものを人に与えようとすることは、ちょうど与えることのできないものを与えようとするようなもので、矛盾です。人は兄弟に対して道を示すことはできますが、自分の持っている徳を人に与えることはできないのです」

ここまで話す頃には、私たちは第二の部屋に着きました。

するとそこには、この村出身の大師たちのうち、四名がすでに到着していました。よもやま話を暫《しばら》く交わした後でみなが着席すると、私たちの導師は再び語りだしました。

イエスの偶像化はひどい誤りであり、イエスの生涯の大部分は実は復活の後にある

「あなた方の歴史のうち、イエスほど傑出した人物はいません。あなた方の年代にしても、イエスの誕生前と誕生後で区別しているほどです。大多数の人々がイエスを偶像化していますが、そこが誤りなのです。イエスは偶像ではなく、理想でなければならないのです。彫像にするのではなく、真実の生きた人でなくてはならないのです。

というのは、イエスは十字架で処刑されたときのままの身体をもって今日なお生きているからです。

ちょうど、あの十字架にかかる前と同じように、イエスは今なお生き且《か》つあなた方に語ることができるのです。多くの人々は、イエスの生涯は十字架の上で、悲しみと死の中で

終わったものと思い込み、イエスの生涯の大部分が、実は復活の後にあるということを、完全に忘れ去っています。そこが、大きな誤りなのです。イエスは前よりも遥かに多く教え、且つ癒すことができるのです。あなた方がそのつもりになりさえすれば、彼の臨在の中に入れるのです。求めれば、彼を見出《みいだ》せるのです。

イエスは自分の存在を押し付ける帝王ではありません。しかし、何処でもあなた方や世界を救う用意をしている強力な兄弟なのです。はかない地上界に住んでいたときは、ごく僅《わず》かの人々にしか接触できませんでしたが、今では、彼を求める人々すべてに接触することができます。

『我が在る時、汝らもまた在り』とは、イエスの言葉ではないですか？

これは、私たちが死ななければ行けない天国という離れた場所に、イエスはいるという意味ではないのです。あなた方のいるところ、すなわちそこにイエスはいるのであり、あなた方と共に語り、共に歩むことができるのです。

あなた方の視線をもう少し上げ、その視野をもっと広げてごらんなさい。もしあなた方の心と想いが、真剣にイエスに向かっているなら、イエスが見えるはずです。そうすれば、イエスと共に歩み、共に語れるでしょう。なおよく見れば、十字架と槍とイバラの傷が癒えて消えた痕が見えるでしょうし、イエスの身辺に漂う輝くばかりの愛と幸いは、これらの傷がすべて忘れ去られ、赦《ゆる》されていることを物語るでしょう」

大師はここで話を止めました。

居合わせた一同は数分間、深い沈黙に浸りました。すると、今まで見たこともない輝きが部屋中を照らし、それと共に声が聞こえました。それは、遥か遠くの声のようでした。私たちがそれに注意を引きつけられ、想いをそれに向けると、声は非常に明瞭《めいりょう》になり、やがて澄んだ鐘の音ように響きだしました。

イエスを祭壇の上に祀り上げ、奇跡と神秘で取り囲み、迷信という亀裂を深めたわけ

「お声の主はどなたでしょうか？」

一行の誰かが訊《たず》ねると、隊長が、

「静かに。私たちの敬愛する大師、イエス様だ」と答えました。

「その通り、イエスです」と大師方の一人が続けて答えました。声の主は語り続けました。

「私は、『我は道なり、真理なり、生命なり』と言ったが、それは何も私だけが唯一の真の光だと世界に公言するつもりではなかった。

『神の霊によって導かれる者はすべて神の子なり』

『我は全き子、父なる神の歓び給う神の一人子なり』

と言ったが、それは、神の子たちの一人が自らの神性を見、把握し、且つそのことを宣言し、万物の偉大なる父性にして、また母性原理である神の中に生き、動き、且つその本質を持つことを悟ったこと、それを悟ると、自分みずからが神の一人子なるキリストであると語りだし、真実の心と不動の目的をもって生涯を貫き通し、遂に自らがキリストであると主張する通りの者となったこと——このことを私は、全人類に伝えるつもりだったのである。眼を理想に据え、全身を理想によって満たし、そうして求める目的が貫徹されたのである。

これまで多くの人が私を見てこなかったのは、私を祭壇の上に祀り上げ、近寄りがたい場所に押し込めてしまったからである。彼らは私を奇跡と神秘で取り囲み、そのうえ、私が愛してやまない民衆から私を遠ざけてしまった。私はこうした民衆を言葉では言い表せないほど愛しているのである。

彼らは私から離れたが、私が彼らから離れたことはない。彼らは幕や壁や仕切や仲介者を立てるとともに、私だけでなく、私の愛する近親者の像まで造って、祀り上げてしまった。そして、私たちの周りを神話と神秘で取り囲んでしまい、揚げ句の果てに、これらの愛しい人たちは、私たちから遠く引き離され、私たちに近づく術《すべ》を失ってしまったのである。

彼らは私の愛する母や周囲の人たちに祈りを捧げ、懇願をし、結局私たちを彼らの卑俗な考えの中に押し込めてしまった。彼らが本当にあるがままの私たちを知るなら、きっと私たちと握手したくなるだろうし、またすることができるのである。

もしもすべての迷信や信条を捨てて、あるがままの私たちを知るなら、私たちと会話することもできるであろう。私たちは、いつでもご覧の通りであって、どんなに世界の人々にこのことを知ってもらいたいことか。このことを人々が知った暁の悟り、再会、宴は、なんと素晴らしいものになるであろう。

あなた方は、私たちを長い間神秘で取り囲んできた。疑惑と不信が支配するようになったのも、無理はない。あなた方が、肖像や偶像を多く造れば造るほど、そうして、私たちを死で取り囲み、私たち以外の誰かを通さなければ私たちに近づけない仕組みにすればするほど、疑惑と影がますます深まり、迷信という亀裂は、いよいよ超えがたいものになるであろう。

もしあなた方が、大胆に私たちと握手して、『私はあなたを知っています』とでも言えば、すべての人々が、あるがままの私たちを見、且つ知るだろう。私たちは、全世界を愛するがゆえに、私たちを取り囲むものにも、私たちの愛する者にも、なんの神秘もない。私たちの愛する人たちもまた、同じである。

私の一生の中で、十字架の上で終わった部分だけを見て、それ以上の大部分である今の私を忘れ、人間は一見壮絶な死に方をした後でさえも、生き続けることを、まったく忘れてしまっている。生命を破壊することはできない。生命は永久に続くものであって、正しい生き方をした生命は決して退化するものではなく、過ぎゆくものでもない。肉体でさえ不死身とすることができ、決して変化しなくなるのだ。

愛するピラトが手を洗って、『あなたたちが引き取って、十字架につけるがよい。わたしはこの男に罪を見出せない』と言ったが、その時のピラトは、自分がどんな歴史を造りつつあるか、どんな預言を果たしつつあるかを、ほとんど知らなかった。

実はその時は、私以上に彼と大衆の方が苦悶《くもん》したのである。しかし、私たち一同が、こうしてこの同じ場所に立っていることでも判るように、これはすべて過ぎ去ったことであり、忘れ去られ、赦《ゆる》されているのである」

「私を磔にした人々を、私はとうの昔に赦した。どうしてあなた方は、死を完全に超越した今の私を見ないのか？」

すると、二人の人物が出て来て、イエスの抱擁を受けました。

イエスはその中の一人の肩に手をやって、言いました。

「この愛する兄弟は、わざわざ私と一緒にやって来てくれた。それからこの人は（二人目の人を指しながら）、真理に目が開かれるまでは、あの人よりもさまざまな道を歩んできたが、いったん完全に目が開くと、すぐにやって来た。彼はもう一人の兄弟と同じように真理に忠実であり、私たちは他のすべての人々と同じように彼を愛している」

それからもう一人がゆっくりと前に進み出て暫く立っていると、イエスは手を差し伸べて、「愛するピラトよ」と言いました。

お互いの抱擁は、紛れもなく兄弟愛のそれでした。やがてピラトは口を開いて語りました。

「あの日、軽々しくもあのような宣告を下して、肩の重荷を降ろしたものの、それからというもの、私は長い歳月を苦労し、煩悶《はんもん》しました。私たちは、物質界にいる間は、自分の責任を転嫁しようとして、不必要な重荷をどれだけ他人に負わせていたことでしょう。また、そのことを悟る人間のなんと少ないことでしょうか？

我々が自分の重荷を回避して他人に転嫁しようとすればするほど、重荷は強く我々にのしかかってくるものであると悟るのは、我々の目が真理に開かれたときだけです。この事実に目覚めるまでに私は長い間苦労しました。しかし、目覚めて以来の歓びは、それは大きいものでした」


すると、姿なき聖歌隊が一斉に歌いだしました。そのメロディーは筆舌に尽くしがたいものでした。聖歌が5、6節済むと、イエスは前に進み出て、言いました。

「私が、自分を磔にした人々をとうの昔に赦《ゆる》したことが、訝《いぶか》しいのか？ 人はみな、なぜ私のように赦さないのか？ 『事終わりぬ』と言ったとき、私はすべて赦し終えていたのだ。どうしてあなた方は、十字架に磔にされた私ではなく、死を完全に超越した今の私を見ないのか？」

再び不可視の聖歌隊が鳴り響き、

「おお神の子、すべては汝を讃《たた》える。彼は言祝《ことほ》ぎ、言祝ぎて彼を讃えよ。彼が王国は人の中にありて永久に尽きることなし。見よ、神常に汝と共にあり」

と、歌いました。

しかも、歌うにつれて、歌詞が文字となって部屋の壁に浮かび上がるのです。

以上は、何も靄《もや》のかかった幻影ではなく、また、私たちから遠く離れた舞台の上にしつらえられたものでもなく、皆が皆、現実に目撃したものです。

現に私たちは、彼らと共に歩み、握手し、その写真も写しました。彼らはまさしく私たちの中に在り、私たちは彼らの周りに居るのです。

彼らと私たちの違いというのは、ただ彼らの周りには、特殊な光があることで、この光が、部屋が明るい理由と思われました。どこにも翳《かげ》一つありません。彼らの肉体には、一種の特別な透明なものがあるように思われました。

というのは、彼らに触ったり、その手を握ったりすると、雪花石膏《アラバスター》のような感じがするからです。それでいて温かい、親しみ深い輝きがあり、その温かみは、彼らの周囲すべてに満ち満ちていました。彼らが部屋から去った後も、室内には依然として温かみと光が残っていました。その後も、私たちがその部屋に入ると、決まって誰かがその事実に気づきました。

そのことがあって暫く経ったある日、私たち一行がこの部屋に集まったことがあります。その時、皆がこの部屋からひしひしと受ける感じについて話し合っていると、隊長は私に、「なんとなく神々しい」と、言ったものでした。

彼のこのコメントは、皆の印象を代弁したようなもので、まったくその一語に尽きるのです。

その年の秋、私たちは再びここに戻ってきましたが、その時も、私たちにとってはこの部屋が聖堂のように思われ、多くの時間をそこで過ごしたものでした。

話は元に戻って、この方々が次々と部屋を辞去する間、一同は残っていました。

ピラトは出て行きしなに、私たちの隊長に一緒に来るようにと合図をしたので、皆一緒に階段を下り、裂け目への通路から下の方へ一段ずつ降りて行って、全員下に降りました。

それから私たちの村の宿まで歩いて行き、そこで真夜中まで語り合った後、まるでこのような集いなど、当たり前でもあるかのように、いつもの調子で皆去っていきました。

この方々が帰って行ったあと、私たちは宿舎の女将《おかみ》の周りに集い、次々と彼女と握手をしては、この夜の経験に感謝しました。

「私の思っていることや、感じたことを精一杯言わせていただくなら、これまでの自分の偏狭で卑俗な考え方を完全に粉砕された、ということです」

とは、一行の男性の一人が言った言葉ですが、これは確かに私たち一同の共感を得ました。

私自身は、自分の思いや感じを言い表そうとはしませんでしたし、また、記録しようともしませんでした。それはただ、読者の想像にお任せする次第です。女将のもとを去って寝室に戻っても、誰一人として一言も話すことなく、各々の隊員が一様に新しい世界が開かれた思いをしたようでした。

第2章

希望実現の方法／望みはすでに「今ここ」にあり

今から数十万年前に高度の文明を持ったウイグル帝国があった

翌朝、一同が食卓に揃《そろ》ってから、前日のことを女将に訊ねたところ、あのようにイエスが現れるのは、特別なことではなく、度々現れては、他の方々と一緒に癒しをしてくださるということでした。

朝食が済むと、その日は女将と別の男性二人が朝まで私たちと同行する予定になっていることが判りました。

そのうち、村に病気の子供が一人いて、女将に来てもらいたがっていると告げる者がいたので、私たちはその男について子供の家まで行ってみましたが、かなりの重体でした。

女将が前に歩み出て、手を差し伸べました。

子供の母親が女将の腕に子供を抱かせると、その瞬間子供の顔が明るく輝き、暫く体をすり寄せて丸くなり、2、3分もするとぐっすり寝入ってしまいました。そこで女将は子供を母親に返し、私たちは寺院に向かいました。道々彼女はこのように話してくれました。

「この愛する人たちが、私たちに依存しないで、自分たちの力で病気が治せればいいのに、と思います。そうすれば、それだけあの人たちのためにもなるんです。ところが、それができないので、普段は私たちと交流することもないのに、いざという時だけ私たちに頼るんです。

まあ、それも悪くはないでしょうが、それでは何時《いつ》まで経っても自分自身の力に頼ることができません。私たちとしては、あの人たちに自立してほしいと大いに望んでいるのですが、この人たちは、あらゆる点でまだ子供みたいなんです」

女将の話がここで終わったときには、一同は梯子《はしご》の下に来ていたので、それを上に上がって、トンネルに入って行きました。二人の男性が私たちに随行してくれました。

このトンネルは固い岩を貫いて通っているので、当然中は暗いものと予想していたのですが、中へ入ってみると、意外にも明るく、かなり前方にあるものを見分けるのにも事欠かないほどでした。

しかも光は私たちの周りを囲むように射しているらしく、影一つありませんでした。このことは、前日に気づいていましたが、誰一人としてそれに言及する者がいなかったのです。

トンネルの中をどんどん進み、階段を上って3番目の部屋に着きました。

この部屋は下の2部屋より若干広く、両方の壁には非常に多くの平板が置かれていました。

この部屋の真後ろにも、もう一つ大きな部屋がくり抜かれていて、そこも同じような平板で一杯でした。

これらの平板は、赤味がかった濃褐色で、釉薬《うわぐすり》がよく効いていました。大きさは、42×73㎝、厚さ約6㎝、重さは一枚4・5～5・4㎏で、それより大きいものもありました。

こんなものを、どうやって山を越えてここまで運んできたのか、不思議でなりません。しきりに不思議がっていると、それは山越えして運んだものではなく、この山がまだできていない頃、ゴビ地方が豊穣《ほうじょう》で人間がそこに定住していた頃に持って来たものだと教えられました。

山が出来上がってずっと後に、万一の破壊から守るために、この地に移されてきたそうです。

山が隆起する前に、この地方の一部に大きな津波が押し寄せて土地を荒廃させ、生き残った人たちは外界から隔絶されて生計の手段を失い、遂に現在、ゴビの各地に出没して荒らす盗賊団の先祖となったのです。

現在のヒマラヤ山脈とゴビ砂漠のあたりは、もとのウイグル帝国の跡で、当時は高度の文明を持った民族の大都市だったのですが、津波で滅びてからは、寄せ来る砂に覆い尽くされてしまったそうです。

後に私たちは、石版から翻訳して書き写したものに従って、これらの失われた都市のうち、三つまでは、私たちの手で発見しました。

いつか発掘がさらに進み、完成した暁には、これらの記録や言い伝えが真実であることが証明されるものと信じています。これらの記録によれば、この文明の栄えた時代は数十万年前となっています。もっともそれを探索することは、本書の意図ではありません。

望みは祈りの一形式／必要なものはすでに自分のものとなっていると知る

さまざまな変わった部屋を見せてもらい、よもやま話をしているうちに、今朝私たちの一行に加わった男性たちの一人が、実は洗礼者ヨハネの住んでいた村で会い、以後記録係の友と呼びならわしていた人の子孫であることが判りました。

この男性は、高齢者特有の特徴を珍しいほど悉《ことごと》く備えていました。


1番目の部屋に戻りながら、隊長が訊ねました。

「願望というものは、それを発言しさえすれば、すぐに叶《かな》えられるものでしょうか」

女将はこれに答えて、

「正しい形をとって表現すれば叶えられるものです」と言いました。

さらに言葉を続けて、

「望みというものは、祈りの一形式であって、イエスの祈りは叶えられましたから、イエスの用いた祈りこそ本当の祈りであり、いつも叶えられる祈りこそ真の祈りでなければなりません。従って、科学的でなくてはなりません。科学的である以上、一定の法則に従うものでなければなりません」

彼女の説明は続きました。

「その法則というのは、『汝の悟れる程度に、汝の祈りは叶えられたり』であり、また、

『汝、何を望むとも、祈るに際し、すでにそれを受けたりと知れ。然《しか》らば、それを得ん』です。

もし私たちがなんであろうと、求めたものはすでに自分のものとなっていると積極的に知るならば、私たちは法則に従っていると判断して良い。もしも望みが満たされれば、法則が満たされたのであると判断して良い。もし満たされないのなら、求めた側に誤りがあったと悟らなければなりません。誤ちは私たちにあるのであって、神にあるのではないと知るべきです。

従って結論は、『汝心を尽くし、魂を尽くし、力を尽くして、主なる汝の神を愛すべし』となります。

ゆえに、心配、不安、不信をもってではなく、自分の必要なものはすでに自分のものとなっていると知り、歓び、晴れ晴れとした感謝の心をもって、自らの魂の深淵《しんえん》に至ることです。

その秘訣は、神と一体になること（at-one-ment）にあります。神と一体になり、たとえ地球上の人々がこぞって反対しようとも、神との一体感をしっかり持ち続けて離さないことです。

『我、自らの力では何事をも為し得ず、我が内に住み給う父なる神ぞ、御業を為し給う』とイエスは言いました。神を信じよ。信じて疑うべからず。信じて恐れるべからず。神の力に限りなきことを忘れるべからず。神は『すべてを為し得る』のです。

神に願う方法／いつ、どこで、どのようにしてということはすべて神に任せる

神に願うときは、積極的な言葉を使うことです。

ただ、完全な状態だけを望むことです。

それから自分の魂に種子となる完全な想いだけを植え付けるのです。

つまり、**完全な健康が現れてくるように求めるのであって、病が癒されることを望んではなりません。調和を現し、豊富の実現を求めるのであって、不調和、不幸、制約から救われることを求めるのではないのです。**こんなものは、ちょうど古くなった衣服を棄てるように棄て去ってしまうのです。それは、古くてもう着られなくなったものです。あなたには喜んでそれを棄てる余裕があるのです。振り返って見ることさえしてはなりません。

それは全く無価値なものなのです。


あなたの周囲の虚無と見えるものを、無限の善なる神の思いで満たすのです。

ここで忘れてはならないことは、神という言葉が種子であるということです。

それはひとりでに伸びていくのです。


いつ、どこで、どのようにして、などという計らいは、すべて神に任せることです。

求めた瞬間には、もうそれが成就されていると知った以上、あなたのすることは、ただ欲するものを言って、神への祈りを捧げるだけです。成就するための細かいことは、神のお仕事なのです。

いいですか。神が為し給うのです。あなたは、あなたで自分の役割を忠実に果たし、神の役割は神ご自身に任せたら良いのです。

求めよ。肯定せよ。欲するものを神に求めよ。

しかして、神の為し給うものを受けよ。

神の豊かさという思いを常に心の中に持ち続けなさい。

その他の思いは、たとえどのようなものであっても、それが心の中に浮かんだら、ただ神の豊かさの思いに置き換え、その豊かさを祝福するのです。

必要によっては、御業《みわざ》の成就を絶えず感謝し続けなさい。再び願いを繰り返す愚を演じてはなりません。ただ御業の成就と、神があなたの中で働き給いつつあること、あなたはすべての人々に善きものを与えるために、ただ善きもののみを望むのである以上、それを今受け取りつつあることを、祝福し、感謝しなさい。以上を沈黙と隠密の内にするのです。あなたの父なる神に、密かに祈るのです。

そうすれば、あなたの魂の秘められた願いを見給う父なる神は、公然とあなたに報い給うでしょう。

それが完了したとき、願いが忠実に叶えられたこの時を、最大の宝の一つとして回顧するでしょう。

こうしてあなたは法則を証明したことになり、信念と祝福の中に出した言葉の力を悟るでしょう。

神は、神ご自身の計画をすでに完成されたのであるということを忘れてはなりません。

神は私たち人間のおよそ望み得る善きものを、これまですべて愛深く惜しみなく注いでおり、今も注ぎ給いつつあるのです。

神は再びこう言います。

『我を試みてみよ。天の窓を開け、収まる余地もなきほどの祝福を注がざるや否や、我を試みてみよ』

思いを尽くし

父なる神よ、我が存在の中心において、私は貴神と一体です。

貴神は万物の父なる最高の存在です。

貴神は霊であり、全智、全能、遍在です。

貴神は叡智であり、愛であり、真理であり、すべては貴神の力と知恵によって造られ、貴神が核です。

貴神は我が愛の生命、我が魂の核、我が想念の智恵です。

私は我が身、我が日常に貴神を現しています。

貴神は、始まりにして終わり、我が現すすべての善きもの、これことごとく貴神の御業。我が魂に植えつけられた願いは、我が霊の内なる貴神の生命によって生かされ、時熟すれば、信念の法則によって可視の現象となり、我が経験となる。

私の望むことが善ければ、それは、不可視の形のまますでに大霊のなかにあり、ただ具現化するために法則の成就を待つのみであることを、私は知っています。

ゆえに私は、すでに得たりを知るのです。

魂を尽くし

私が今語る言葉は、私の望むものを我が父なる神である貴神に略述するのです。

それは種子として土壌なる私の魂に植えられ、我が霊の内なる貴神の生かす力が働きかけるのですから、それは必ず生え出るのです。

私はただ、貴神の霊である智恵と愛と真理だけが、私の魂の中で働くことを許します。

すべての人にとって善いこと、ためになることだけを望みます。

ゆえに父なる神よ、我が望みを実現したまえ。

我が内なる神よ、我は愛と智恵と力と永遠の若さを表現することを欲します。普遍源質の中からすべての善き望みを満たす方法を直接貴神から悟得《ごとく》するために、調和と幸福と豊かなる繁栄の実現を求めます。

父よ、これは我がためではなく、貴神の子たちすべてに奉仕できる智恵を得るためです。

心を尽くし

我が欲するものはすべて、可視の形となって存しています。

私は自分の望むことだけを心に描きます。

種子が静かな暗い地下で伸び始めるように、私の望みは我が魂の静かな見えざるところで今、形を整えつつあります。

私は密室に入り、扉を閉ざします。

静かに、そして確信をもって我が望みをすでに叶えられたものとして、心の中に抱き続けます。

父よ、私は今、我が望みの完全なる形成を持っています。父よ、我が内なる父よ、見えざる処にありて、我が望みが常に叶えられていること、貴神の部屋の蔵の豊かなる富をすべての人に愛をもって惜しみなく注ぎ給うこと、私もまた、貴神の豊かなる供給を受け取ること、貴神との一体を実現し得ること、貴神のすべての子らもまた、等しく一体を実現し得ること、私が持つすべてを注いで貴神の子たちを救い得ることを感謝します。

父よ、我が有するすべてを貴神に捧げます。

力を尽くして

私は今後、我が望みが神霊界においてすでに叶えられており、今や完全な可視の形をとっていることを、思いと言葉、行いをもって否定することを一切しません。

霊において、魂において、心において、肉体において、私は我が望みに忠実です。

私は神霊界にある我が善きものを見ました。

ゆえに私はそれを完全な想念として魂の中で思い、我が望みのとるべき本来の想念の形を与えたのです。

今、私は我が完全なる思いを現実化します。

すなわち、真実の顕現を成すのです。

父よ、私は今、愛と智恵と悟り、生命、健康、力、永遠の若さ、調和、幸福、豊かなる繁栄など、普遍源質の中からすべての善き望みを叶える方法を得ていることを感謝します。

イエスは言います。『汝ら信じれば、神の栄光を見るべしと、我、汝らに言う』」

望みが叶えられない場合でも、疑わずに祝福と感謝を注ぎなさい

ここで女将が話を止めると、一瞬深い沈黙がやって来ました。

やがて再び語りだしました。

「もし望みが叶えられない場合は、その咎《とが》は、自らの内にあるのであって、神にはないことを知らなければなりません。そのような時は、元に戻って再度求めるのではなく、エリヤのように、コップが満たされるまで、コップを差し出し続けるのです。

たとえどのような誤った卑俗な考え方があなたの周囲を取り巻いていようとも、祝福と感謝を注ぎなさい。迷わずに前進しなさい。望みはすでに今、ここにあります。疑ってはなりません。あなたの信念は報われます。そうして信念が知識となるのです。

あなた方が望むのが、たとえば氷としましょう。そういう時、あなた方は何の見境分別もなしに、至るところで氷という言葉を喋りますが、もしそうすれば、あなた方は自分のパワーを四方八方に散らしてしまって、何も得るところはないでしょう。そうしないで、まず、自分の望むものを心の中で描き、その姿をはっきりビジュアライズするまで、ずっと長く思い続けてから、それを心から放ち、後は普遍的原質にすべてを託せばよいのです。

この源質は神の一部なので、それはあなたの一部でもあり、この源質の中に、あなたに必要なものはなんでもあるということ、神はその源質をあなた方にも使える速さであなた方に差し出していること、いくらあなた方が使ったところで、使い尽くせるものではないということを知ることです。これまでにすべて新機軸のものを提供した人々は、意識的にあるいは無意識に、すべてこの源質から獲得したのです。

これを知っていただきたいのです。

あなた方の想念と想像力を唯一の中心子、すなわち神に集中し、集中し続けて、自分の望みをそれに刻印するのです。その中心子の振動を低めていけば、遂に氷となります。するとそれを取り囲んでいる原子全部が急いであなたの望みに従います。それらの原子の振動が低くなり、中心子に付着して、一瞬の後には氷が得られることになるのです。何も、水の必要さえありません。ただ、理念さえあれば事足りるのです」

大気の中に「理念の波動」を放射して肉眼に映すという偉大な仕掛けがある

……再び深い沈黙になりました。

その瞬間、部屋の壁にパッと何かの情景が映りました。最初のうちは、画像に動きがなく、別に大したこととは思われませんでしたが、やがてそれが動き出し、口が動いて話しているように見えるので、途端に私たちの意識はそこに釘付けになりました。

女将は、語り出しました。

「これは、その昔ウイグル帝国最盛期に起きたある状態の再現です。

西南の人たちが大変美しく、土地も暖かくて明るいことにお気づきでしょう。樹々は微風にそよいでいます。色まで映っています。ここでは、土地や住民の生活が乱されるほどの嵐は襲ってきません。よく耳を澄ませば、話の内容さえ判ります。この人たちの動きにつれて、身体の筋肉の動きまで判ります」

女将の話が一応終わっても、映写は次々と続き、約2分ごとに情景が変わっていきましたが、遂には、私たち自身が映像の中の人物になってしまったかと思われるほど、身近に感じられました。

突然、私たち一行の中の三人の隊員の情景が映し出されました。まぎれもなく、私たちの隊員です。その話し声も聞こえますし、話の内容まで判ります。結局それが、約10年前の南米のある場所で起きた出来事であることが、後に判明しました。

そこで、女将は再び語りだしました。

「私たちは、この大気の中に想念の波動を放射して、過去の事件の想念の波動に関連づけることができるのです。その想念が過去の想念の波動を集めて、任意の点でそれを描きだすのです。それが当時のままの状態となって再演されて、私たちの肉眼に映る仕組みになっているのです。

摩訶不思議に思われるかもしれませんが、あなた方の国の人たちが、これと同じようにさまざまな情景を再現することになるのも、そう遠くはないでしょう。もっとも、それは写真のようなもので機械的なものですが、私たちの場合はそのどちらでもない、という点に違いがあります。

キリスト思想の指導者たちは、お互いに相手側の失敗を狙って、宗派争いに身をやつしているので、真の霊的生活の意味をほとんど忘れ去ってしまっています。同様に、東洋人はその思想の中でも密教的、秘教的、また科学的な面だけに凝ってしまって、やはり霊的なものを見落としてしまっています。

この本当の霊的意識や教育的価値、その功徳、およそ人間にとって可能な業績を最初に悟るのは、結局この機械仕掛けでほぼ完全な画像を映写する人々の中の若干名になるでしょう。そういう人々こそ勇気をもって前に進み出て、実際に自分たちで作りだした画像でもって、その成果を公示するでしょう。これらの仕掛けと、現在もっとも物質的と考えられているこれらの仕掛けを発明した人は、真の霊的理想を実現させたという点で、あなた方の国の人たちがこれまでに生みだした中でも、もっとも偉大な力であることが、判るようになるでしょう。

あなた方の国の人たちは非常に進歩しているので、いずれ、現在生きている人々の声を再生する場合よりも、もっと正確に死んだ人々の声を再生する装置も発明するでしょう。私たちが想念の力でやっていることを、ある程度機械で成就するようになるでしょう。将来の発明において、この点であなた方は世界を凌駕《りょうが》するようになります。

アメリカが物質主義を超えて神霊界にアクセスするとき大変貌が起こる

アメリカの建国は、実は白人種の『里帰り』ともいうべきものなのです。というのは、この土地はかつての白人種の故郷であり、初期の偉大なる霊的啓蒙《けいもう》が成された土地なのです。そういうわけで、アメリカは最大の霊的覚醒が起こる土地です。あなた方は、遠からずして、物質や機械の発達において、世界の先頭に立つようになるでしょう。しかもなお、発達に発達を重ねて、遂にあと僅か一歩で、霊的発達を遂げるというところまで行くでしょう。

その時あなた方は、抜本的な手段に出るでしょう。貴国に、『必要は発明の母なり』という諺《ことわざ》があります。必要性から、不可能と思われることも、成さねばならぬ状況に、あなた方は置かれました。それらを達成するために採ったやり方を通じて、あなた方は物質主義的な国民となってしまいました。あなた方の生活様式では、これも生き残るためには必要だったのです。

しかし、あなた方が国民全体として神霊界にアクセスするならば、これまで物質界において成し遂げた長足の進歩など、まるで子供の遊びのようにしか思われないでしょう。これまであなた方が発達させてきた強健な肉体と鋭敏な知覚力をもってすれば、あなた方の国の人たちは必ず他の諸国民にとって、松明《たいまつ》となるでしょう。その時、あなた方は今日自分の周囲を見渡して、このように蒸気や電気があるのに、どうして先祖たちは、駅馬車や蠟燭《ろうそく》などを使ったのだろうかと訝《いぶか》しむように、将来過去を回想して訝しむことでしょう。

その先祖たちにしても、もしも法則に忠実であったなら、今日および将来のあなた方と同じように、幸福を享受したはずなのです。物質というものは、霊的なものによって取り巻かれ、霊的なものの下にあることがいずれお判りになるでしょう。

また、霊的なるものの中に高度の法則があり、その法則に従ったとき、利便性が享受できることが判るでしょう。霊的なるものは、機械的あるいは物質的なものの上にあり、また周囲にあるからです。また、機械的なもの・物質的なものの中には、なんの神秘もないように、霊的なものの中にも、なんの神秘もないことが判るでしょう。

今は、難しいように見えることでも、将来には簡単なものとなり、ちょうど今あなた方が機械的なもの・物質的なものを容易に克服しつつあるように、今難しく見えることも将来は克服するようになるでしょう。ただ、それを成し遂げさせるのは、不断の努力です」

話がここまで来るまでに、同行していた記録係の友の子孫である老人が平板を一枚選び出し、近くの画架に置きました。

先祖崇拝は国民に堕落をもたらす直接原因の一つ

女将は、語り続けました。

「多くの人々がよく犯す大きな誤りは、課題は当初の目的を果たすための一つの手段でしかないのに、それに気づかないことです。その目的を一応成し遂げ、確かに成し遂げたと自覚したなら、次にはその課題を捨てて、さらに次の課題の成就を求めるべきなのに、それが判らないのです。

ところで、なおも前進したいと思う場合は、暫《しばら》く休止して、それまでに得た成果を貯蔵庫（潜在意識とも呼ばれる）に入れておくのが宜《よろ》しいです。一応そうしてからなら、目指すものよりもさらに上の目標に導いてくれる課題を取り上げても良いです。しかし、目標に到達したら、直ちにその課題を捨てなければなりません。こういう風にして初めて最高の目的に一歩一歩進んで行けるのです。課題というものは、階段の一段一段にしか過ぎないことが判るでしょう。

さて、頂上まで行くのに、自分が歩いてきた階段を一段一段全部外して持っていくとすれば、その重さで押しつぶされてしまうでしょうし、そのうえ、あなた方の兄弟が後からついて行こうにも、ステップが無くなってしまいます。なので、当人が階段を使いながら上昇を選ぶのなら、周囲のためにも、階段を残すのが得策です。とにかく、ステップの助けであなたは頂上に到達することができました。しかし、今となっては、それは必要ありません。ここで一息入れるか、または新しいインスピレーションが来れば直ちに次のステップを踏み、その成果を再び貯蔵庫に納めると良いです。

そして、そこまで到達するための刺激剤となった課題も、全部放下してしまうのです。そうすれば、あなたを妨害するものも、逆戻りさせるものもありません。しかし、もしもその課題にこだわり、最終目標をしっかりビジョンとして描かなければ、いつの間にか肝心の課題が教えてくれる教訓をなおざりにして、課題だけを固定してしまうでしょう。

こう言うと、心が動揺してしまい、昔を振り返りながら、自分の先祖は、自分のやった方法でしたのだろうかと思うかもしれませんが、私のみる所では、遠い昔は、確かにその通りだったとも言えますが、近い過去はそうではなかったと言えます。というのは、昔の人たちは、コツコツと額に汗してやりましたが、あなた方の場合は、神から与えられた自分の力だけを使っているからです。

しかし、もしあなた方が先祖を回顧すれば、知らず知らずのうちに先祖崇拝になってしまうでしょう。なぜなら、人間には創造力が備わっているため、自分が注目するものを、そのまま外界に造りだしてしまうからです。従って、あなたは先祖に似てしまいますが、先祖の成し遂げたことを、自らは成し得ないことになり、あなた方自身の進歩は遅れ始めるでしょう。

なぜなら、もしも他者の理想の下に生きるなら、その理想を最初の人のレベルほどは成就できないからです。あなた方は前進するか、退歩するしかありません。その中間はないのです。この先祖崇拝が国民に堕落をもたらす直接原因の一つなのです。しかし、あなた方の場合には、この先祖崇拝がないので、将来あなた方は、偉大なる国民となるでしょう。

第一に、あなた方には、先祖自慢が極めて少ないです。しかも、自分たちでやり遂げたものの他は、土台というものがありません。あなた方の理想は自由の国ということであり、事実また、その理想を実現しました。あなた方が造り上げた国には、王もいなければ、圧政者もいません。自分たちの祖父がどんな風にしてやったかが問題ではなく、あなた――

あなたという個人が、どのようにしてやり遂げるかが、問題なのです。

あなた方は、一つの目的を成就するために多数と合一し、あなた方の内なる個我、すなわち生命（神）の源泉である創造力が、あなた方の理想の創造力に直接融合したのです。そうして、しっかりと目的を見据え、自分たちの理想の達成に向かって前進しつつあるのです」

ここで女将は平板に向き直り、なおも語り続けました。

平板に記録された「ムー」または「M」／神のはじめての被造物

「これらの平板に、神は指導原理（Directive Principle）——長（Head）、知性（Mind）——と呼ばれ、みなさんのMの字に似たムーの字で象徴されたと記録してあります。これをあなた方の言葉に直せば、指示者あるいは建造者ということになるでしょう。この指揮原理者が、万物の上にあって、すべてを統括していました。彼が造った最初の存在を指揮原理者の表現といい、その形は、指揮原理者と同じでした。というのは、指揮原理者は何かを表現しようにも、自らの形を通してしか表現できなかったからです。その造られた存在は、自分自身である指導原理の外的な表現です。指導原理は、他に見本とする何ものもないため、その存在を自らの姿に造ったのです。この指揮原理者はその被造物に自らの属性を与え、一方この被造物は、指揮原理者が有するすべてのものにアクセスすることができました。彼は、外界に現れたすべてのものへの主権を与えられ、創造主の形態、属性および大原則に直接調和する限り、創造主と同じように、それらすべてを完璧に表現する力を与えられました。それまでは、被造物の属性中、何一つとして外界に表現されたものはありませんでした。

創造主は、その被造物が顕現すべき理想、または完全なプランを考えて用意してあるので、それを顕現しやすい、完全に理想的な環境に置いたのです。というわけで、創造主はその被造物の完全な実相顕現に必要な条件がすべて完備したとき初めて、被造物を地球上に置いたのです。こうして置かれた被造物は主なる神と名付けられ、その置かれた場所がムーまたはMと呼ばれ、後にゆりかごあるいは母と呼ばれるようになりました。

以上は、あなた方にも判るように、あなた方の言葉に翻訳したものであることに注意してください。やがてこれらの平板を自分で翻訳できるようになったら、さらに詳しいことが判るようになるでしょう。以上の点を明らかにしたのは、後で私たちがこの記録を翻訳する際に、このことが指針となるからです。

しかし、あなた方が他の方法、他の考え方、あるいは他の研究法によってすでに造り上げている結論を、私が変えようとしていると思ってはなりません。ただ、私としては、暫くの間、そういったものを、一切放下して欲しいのです。この記録をさらに掘り下げて研究してから、希望するのであれば、他のことも再び自由に取り上げたら良いのです。

私はあなた方に少しでも影響を及ぼそうなどとは考えていません。課題というものはすべて、結論へ至る道の一つに過ぎないのです。結論に到着しないか、求める目的が得られなければ、課題もただの流木か、あるいは余計な荷物となるだけであって、無きに等しいものです」

第3章

老人の死と蘇り

完全な悟りに達することができないと「死」という過ちを犯す

2か月間というもの、私たちはこの老人を師匠にして、文字、符号、両者の位置、図表および意味を扱った一連の平板に全意識を傾倒しました。

3月中旬のある朝、いつものように寺院の部屋に入って行くと、この老人が寝ているのか、長椅子に横になっていました。

一行の一人が歩み寄り、起こそうとして老人の腕に手をやった途端に、ビックリして飛びずさり、「息をしていない。死んでいるに違いない」と、声をあげました。

それを見て、一同が長椅子の周囲に集まり、めいめいが死の思いに浸っていたので、部屋に人が入ってくる音に、誰も気づきませんでした。

「おはよう」という声で物思いから呼び覚まされ、戸口の方を振り返って見ると、そこにエミール師が立っているので、みんな驚いて口も利けずに立ちすくんでしまいました。

数千里も離れた所に居るとばかり思っていたのに、こうして突然現れたので、ビックリしたのです。私たちがようやく落ち着きを取り戻した頃に、師は歩み寄ってきて、一同と握手を交わしました。

暫くしてから、師は老人が横たわっている長椅子に寄って来て、老人の頭に片手を置いて語りました。

「私たちとの共同の事業をまだ果たし終わらないまま地上から去った、愛する兄弟がここにいます。

貴国のある詩人が詠ったように、『彼は外套《がいとう》で自分を包み、楽しい夢を見ようと横たわった』。それをあなた方は、『死んだ』と言い換えます。そこであなた方が第一に考えたのは、まず葬儀屋を呼び、棺桶を取り寄せ、墓を造って、その崩れ去る肉体を隠すということです。

親愛なるみなさん、どうか暫く考えてみてください。

イエスが『父なる神よ、我に聞き給えるを感謝する』と言ったのは、誰に対してであったか。

彼は、外なる我、すなわち自我に語りかけたのではありません。内なる我、無限の存在、すべてを聞く者、すべてを知る者、すべてを見る者、偉大にして強力なる、遍在者である神を認め讃えたのです。

ラザロの墓に立っていたときのイエスの目は、一体どこを向いていたのでしょうか。墓穴を覗き込み、常人がやるように、すでに死んで朽ちゆくラザロを見たのでしょうか。常人が死体を見ている間、イエスは、神の一人子、生ける者を考えていたのです。

彼の思いは久遠にして不変、遍在の生命、すべてを超越する生命に向けられていたのです。

私たちにしても、思いを常在の実在者である神にのみ向けて他に逸らさぬようにすれば、神の御業の成就を見ることができるのです。ここに横たわっている愛すべき兄弟は、神に全託する域までは達せず、我の力に半ば依存し、遂にここまで来てこと切れ、今日多くの人たちが犯している過ち、すなわちあなた方が死と認める過ちを犯したのです。**この愛すべき魂は疑惑と恐れを完全に払拭《ふっしょく》することができず、そのために自らの力に頼み、すべての人間の前に置かれている責務を果たすことができなかったのです。**もし私たちが、このまま彼を見捨てれば、彼の肉体は分解し、結局彼自身は、完成しかけていた責務を完遂するために、再び生まれ変わってくる羽目になるでしょう。実は、彼の責務はほとんど完成に近かったので、私たちは、彼が完成させるお手伝いができるのです。それは、私たちにとって大いなる特権です。

あなた方は、本当に彼が目覚めて完全な意識が取り戻せるだろうかと訝しんでいますね。然り、可能なのです。

いいえ、彼だけでなく、同様にして死んでいった他の人々でも、皆可能なのです。ご覧の通り、一応彼は亡くなりましたが、彼の生涯の一部分を共に過ごしてきた私たちとしては、彼が速やかに悟りを得て肉体を再び纏《まと》うことができるよう、援助してあげられるのです。たとえ人が死という大きな過ちを犯したとしても、肉体をいわゆる死と腐朽に明け渡す必要はありません」

語り手はここで話を止め、暫くの間、深い瞑想に耽《ふけ》っているようでした。

すると間もなく、この村出身の大師たちのうち、四人が部屋に入って来て、一つに固まり、やはり暫くの間瞑想しているようでした。やがて二人が手を伸ばして参加するように合図したので、私たちも加わりました。

四人の大師たちのうち二人がそれぞれ隊員二人の手に自分の手を置き、私たち隊員も互いに手を置き合って円陣をつくり、老人の遺骸が横たわっている寝椅子をぐるっと取り囲みました。

暫く一語も発せずにそのまま立っていると、部屋の中の光が前よりも明るくなったので、振り返ってみると、5、6歩離れたところに、イエスとピラトが一緒に立っていました。やがてこちらに歩いてくると、私たちに加わりました。

再び深い沈黙が広がりました。

やがてイエスが寝椅子に寄ると、両手を挙げて話しました。

「愛する人々よ。暫くの間、私と一緒に死の谷を越えようではないか。死はあなた方が思うような禁じられた土地ではない。もしも、あなた方が私たちのように死の関門を越えて、向こう側から見るならば、死というものは、ただあなた方が頭の中で造りだしただけだということが判るであろう。そこには現界と同じ生命があるのみである」

暫く手を広げたまま、イエスは立っていました。

「友であり、また兄弟でもある愛する者よ。あなたは私たちと共にあり、私たちは、あなたと共にあり、また私たちはすべて神と共にある。神の崇高なる清浄、平安、調和はすべてを囲み、抱き、豊かにしている。私たちの愛する者よ。この神の完全さが今活き活きとあなたに現れて、あなたが再び起き上がり、父なる神に受け容れられるようになるのである。

愛する者よ、あなたは人間が塵から塵、灰から灰に帰するのではなく、ただ生命、至純の生命、永遠の生命であるのを見、且《か》つ知る。あなたの肉体は分解するがままに任せておく必要はないのである。あなたは今、あなたの故郷なる神の栄光を見る。今起きて父なる汝の神の御許へ行くがよい。その時、叫びが上がるであろう。『万歳、万歳。新たに生まれたる方よ、復活された主よ、人々の内なるキリストよ』」

死から起き上がった老人

親愛なる読者諸兄、この部屋いっぱいに満ち溢《あふ》れた純美と清浄さを描写しようとすれば、人間の言葉は一介の戯画に過ぎなくなります。

あの死体が起き上がったとき、光がすべてのものを貫き通し、もはや何一つとして、この死体や、私たちの肉体さえもが影をとどめませんでした。壁は広がって透明となり、まるで無限の空間を望見するがごとく、その栄光は筆舌の及ぶところではありません。

その時まさしく私たちは、死の面前にあるのではなく、永遠の生命、もはや形容を絶する荘厳、不滅にして久遠に前進を重ねていく生命の面前にあることを自覚したのです。

このような状況で、人間はただ立ち尽くして凝視するほかに、一体何ができるでしょう。魂も高揚するこの数分間の中に、およそこれまで私たちが想像してきた天国の美を遥かに超えた世界に、私たちは暫く在りました。かくして現実は、いかなる夢よりも、偉大となり得るのです。私たちは、死の影を越えて、死の彼方を観る特権が与えられたのです。この場の美と静謐《せいひつ》と、すでに私たちが大師方に寄せていた大きな信頼によって、私たちはこの日完全に生死の境界線を越え去りました。

そして、今日では、その境界線も平坦な原野でしかなくなったのです。しかしまた、その先にある美を観望する前に、まずその高さを自分で測量しなければならないことも、どうやら明らかになりました。

死から起き上がった友が語ったこと
――「永遠を目の当たりにした歓びを伝えたい」

以上のようにして、私たちの面前で死から起き上がった友は、今や老齢の痕跡《こんせき》も一切消え、間もなく同僚に向かって話し始めたのです。

以下が、彼の言葉です。その言葉は、この部屋で調査している私の前にいつもあった平板に、金で浮彫でもしたかのように、私の魂に刻み込まれました。

その声には、えも言われぬ荘重な響きがありました。何の衒《てら》いもなく、それでいてその語調は明晰《めいせき》で、深い誠実と力に満たされていました。

「愛する人たちよ。あなた方が私を蘇《よみがえ》らせてくださるときに私が味わった歓び、平安、大いなる至福は、あなた方にはお判りいただけないでしょう。ほんの少し前までは、私にとっては、すべてが闇でした。私は進むのも怖く、戻ることも叶わぬまま、立ちすくんでいました。その時の気持ちは、まるで大きな闇に呑み込まれてしまったとしか言えません。この大きな闇から、突然目が覚めて、こうして今、私は再び皆さんと一緒にいる次第です」

そう言うと、彼の顔は歓びで光り輝き、誠実さがよく現れていました。

やがて、私たちに向き直って、

「愛する人々よ。みなさんとの交流を思えば、楽しくてなりません。みなさんと握手した歓び、この愛する私の救い手たち——今こそ神性なるものと呼べます——にみなさんが真《しん》摯《し》に対応してくれた様子を見、知り且つ感じる歓びは決してお判りにはならないでしょう。

みなさんが今、私の目で見ることができれば、私が今味わっている至福が判ってもらえるでしょう。中でも一番大きな歓びは、今の私のように、あなた方一人ひとりが私と同じ立場に立ち、同じ智恵が開けたことを確かめることです。この歓びは、みなさんが、私と同じ立場に立つときにのみ判るでしょう。

充実した人生を歩んできたこと、その人生の中の今という瞬間を楽しめることを嬉しく思います。そして、展開していく永遠を目の当たりにできると考えただけでも、嬉しいのです。

今や私は、啓示に目が眩《くら》むばかりだと言えば、みなさんには不思議に響くでしょうか？

このビジョンをあなた方に、いえ、あなた方ではなく、神の宇宙の至るところに住まう、あらゆる兄弟姉妹たちに繰り広げて見せたいと熱願するこの私の思いを、不思議に思われるでしょうか？

愛する兄弟たちよ、もし私が人を変える力のある手であなた方に触れ、私の今いるところまで高めることができるならば、私の歓びは、その瞬間、数倍に増えるのです。しかし、そうしてはならぬと示されています。あなた方を変える力のある手は、あなた方自身が伸ばさなければならない、と教えられています。あなた方自らが伸ばしたとき、神の御手がちゃんとあなたの手を握ろうとして待ち構えていることに、初めて気づくでしょう。そしてあなた方は神と共に歩み、語ることができるでしょう。また、すべての人々に対してなさるように、神はあなた方を永遠に祝福されるでしょう。なかでも最大の歓びは、カーストや信条、教派の如何《いかん》にかかわらず、どのような人でも皆、同じように神が歓迎するということです」

ここまで語ると、次の瞬間、彼の姿は私たちの視界から消えてしまいました。ちょうど、溶けるように消え去ったのです。

これは、美しい幻だったのだろうか？　否、断じて幻ではない、というのが一同の一致した結論でした。なぜなら、一同のうち二人が、この人と握手をしたからです。その判断は読者に任せたいと思います。

嵐の中で道に迷い凍死しかけた男性が、一瞬で起き上がった

この村出身の大師たちのうちの一人が、私たちに向き直って言いました。

「あなた方は疑っていますが、これは、決してあなた方のために仕組んだ芝居ではありません。それが判りますか。これは、私たちの一生の中でも、稀《まれ》にしか起こらない非常事態の一つなのです。この愛すべき人は、あなた方が尾根と呼ぶところを、自力で最後まで越えることができなかったのです。あなた方もご覧の通り、事実、彼は一度は死んだのです。そして、魂はその肉体を後に残してしまいました。

しかし、この程度まで悟りの開けた人の場合は、いざという時に助けが得られるのです。そのために魂は再び肉体に還り、肉体の完全化が成就され、その肉体のままで霊界に行けるようになるのです。この兄弟の場合、死にたい、死にたいと熱望していたために、魂が肉体を去ってしまいました。それがちょうどあと数歩で尾根を越せるというところだったわけです。彼のために援助できたことは、私たちに与えられた、大きな特権でした」

私たちは静かに腕をもとに戻し、ちょうど1分間立ったまま完全に沈黙していました。

やがて一行の一人が沈黙を破って口を開きました。

「我が主、我が神よ」

私の場合は、ことさら何か話す気になりませんでした。私は、ただ考えたかったのです。皆着席はしましたが、敢えて声に出して話すのは、ごく僅かの人たちで、それも小声で話を交わすのみでした。こんな風にして15分～20分経ってから、ほとんど皆がよもやま話を始めました。

ちょうどその時、一行の一人が窓の所に行きましたが、「誰かよその人たちが村にやって来たようだ」と言ったので、一同はその一隊に会うために降りて行きました。

というのは、ちょうど冬の最中を越えたばかりだというのに、しかも徒歩でよその人たちがこの村にやって来るというのは、滅多にないからです。

その一隊は谷を30マイル（48㎞）ほど下ったところにある小村から来た人たちでした。3日前に嵐の中で道に迷い、凍死しかけた男性を運んできていました。担架に乗せてこの雪の中をずっと運んできたのです。

イエスが歩み寄って、その男性の頭の上に手を置き、暫く立っていました。ほとんどその瞬間、男性は被り物をかなぐり捨てて起き上がったのです。

彼を運んできた一行は、その様子を暫くじっと見つめていましたが、驚きのあまり、その場から逃げ去ってしまいました。呼び戻そうとしても駄目でした。癒された当の本人も混乱した様子で、大師たち二人が、自分たちと一緒に家まで行こうと勧めて納得させ、私たち一行は、イエスと共に宿舎に帰りました。

第4章

神人一体／人類に数千年間示され続けてきた〃目覚め〃

私たちは宇宙そのものであり、宇宙の自意識である

私たちが寛いで座っていると、イエスが話し始めました。

「私たちがすべての智恵と一つになり、自分が実際にその智恵の一部分になっていること、この智恵が大原理、すなわち神であることが決定的に判ったとき、全宇宙のすべての智恵が、私たちと共に働いていることを認識する。また、肉体の一細胞の中にある小さな心の働きは勿論《もちろん》、すべての大天才たちの智恵もまた、完全に相調和して、私たちと共に働くことが直ちに会得されるのである。これこそ、叡智満ちる一大宇宙心であり、私たちは、確実にそれに繋がっている。

私たちは、実に宇宙そのものであり、宇宙の自意識なのである。

私たちがこのことを感じた瞬間、もはや何ものをもってしても、私たちの神性を曇らせることはできない。この宇宙意識から、私たちはどのような智恵でも引き出せる。

ことさら勉学しなくても、また推測の過程を経なくても、一つの学課から他の学課へ、あるいは一つの点から別の点へと徐々に移行しなくても、すべてを知覚し得ることを私た

ちは認識している。学課というものは、こういう思想に誰でも入れるのだという態度を養うためだけに必要なのである。

そこまでゆくと私たちは心が広くなり、どのような考えでも包容するようになる。宇宙には、抗《あらが》うことができない動力ともいうべき想念の完全な流れがあり、何者をもってしても、私たちの実相の開顕を妨げることはできないのである。私たちは全体と一つであり、必然的に全体と共に進んでいく。どのような事態も私たちの実相開顕を妨げることはできない。

一滴の水は、これを海洋から引き離せば、脆《もろ》くも弱いものに過ぎない。しかし、その一滴の水を海洋に戻せば、全海洋に等しき強大な力となる。私たちが好むと好まざるとにかかわらず、また信じると信じざるとにかかわらず、これは事実である。

それは智恵の法則であり、実は私たち自らがその智恵の法則そのものである。

真理をすべて総計したものが大原理、すなわち神である。

評価の軽重にかかわらず、久遠なる時の流れの中に現れるすべての真理。そして、思考された、あるいは話されたすべての真実の言葉。これらはみな、偉大なる真理、偉大なる一者、神なる普遍真理の一部分であり、しかも私たちは、実にそれそのものなのである。私たちが神と一体であるというこの真理を知り、絶対の真理の側に立つならば、私たちの背後には、あらゆる真理が後盾になり、私たちの力は、ますます抗いがたいものとなってゆく。それはちょうど、波の背後には大海があり、この大海が波に力を与えているようなものである。その大海の力にしても、神の力の一部に過ぎない。人間もまた然りである。

すべての愛を総計したものが大原理、すなわち神である。

神はすべての情愛、すべての湧き立つ思い、すべての愛に満ちた思い、眼差し、言葉、行いの総計である。大いなる愛にせよ、小さな愛にせよ、また高尚なる愛にせよ、低俗なる愛にせよ、すべての愛の行為は、やがて無限の愛を引きだす。我々は、私利私欲を捨てて愛するとき、宇宙愛（Cosmic Love）という完全なる海と共にある。もっとも小さきものと思われたものでも、絶対的完全さへと急速に移ってゆく。それゆえに、それはもっとも大いなるものである。

こうした愛の全宇宙が我々を意識して我々と共にある。

この地上においても、また天上においても、純粋な愛ほど大いなるものは無い。純愛のあるところ、地は天となる。天こそ人の真の住処である。

人間は神から引き離されることができないという法則

最後に、個人、世界、惑星、星々、原子、電子、あるいは最微の粒子の如何を問わず、すべての状態、すべての形あるもの、すべての存在を総計したものが、唯一無限の宇宙原理、すなわち神である。

これらすべてが唯一無限の全体を構成し、その体が宇宙、宇宙心、宇宙智であり、魂、宇宙愛である。これらの体、心、魂は愛という結合力によって結ばれ、織り合わされて完全体となる。それでいて、一つ一つが永遠に変わることなき独自の体として、それぞれの軌道と調和に満ちる階梯《かいてい》の中を、愛によって相牽《ひ》かれ相寄りつつ、自由に機能しているのである。

私たちは、何者をもってしても妨げることのできない、この偉大なる存在を構成している。この偉大なる存在は、宇宙の各構成部分から成っているが、同様にまた、一人ひとりの人間からも成っている。一部分が全体から離脱したところで、原理存在（Principle Being）に全く影響はないが、離れてしまった一部分にとっては大変な違いである。大海としては、その一滴が離れたところで意識はしないが、その一滴としては、再び大海と一つになれたとき、大海の存在を身に沁《し》みて感じるものである。

人間は、大宇宙原理、すなわち神に近いというだけでは、充分ではない。人間はこの原理そのものとまったく一つであって、その中にあり、その一部分であり、この原理すなわち神から引き離されることができないということを知らなければならない。こうして私たちは、すべての力そのものである、力の原理と共に働くのである。

実に、原理の中に私たちは生き、働き、かつ存在を保つのである。

そして、これは法則である。

よって、神とのコンタクトを望むときは、遠くにある、到達困難ななにかを想像するのではない。要するに、神は我々の周囲にも在るが、同様にまた、我が内にも在り、人間は完全に神の中に抱擁されており、神の臨在の中に確かにあるのであり、神の中にあって全権能を握っていることを知ればよい。

ゆえに私たちは、今さら立ち止まって、あれこれ思案する必要もないのである。

私たちは、我が内なる神に直ちに参入すればよいのである。

キリストはこの真理の上に毅然と、且つ気高く立っておられるのであり、我々もまた、神と共に永遠に生きるのである。

蘇りの真の意味は、自分が大師であるという意識に目覚めること

私たちは、死せる我を内なる生命へ目覚めさせ、その生命が私たちを死者より蘇らせる。こうして私たちは永遠の生命に還るのである。

私たちは生命を確信する。この生命を存分に、そして完全に生きる権利があることを確信する。

ゆえに内なるキリストは現れて言い給う。『汝らに全き生命を得させ、生命をより豊かに生きさせるために我は来るなり』。これこそが、意識における真の復活なのだ。復活とはすなわち、死んだ感覚を、生命、真理、愛という、より高い波動へと昇華することである。

私たちの周囲すべての自然は目覚めている。しからば、私たちもまた目覚め、この近づきつつある日の黎明《れいめい》を見ようではないか。かくて我々は立ち上がり、死衣を脱ぎ捨て、今

日まで身体を縛りつけてきたすべての制約から脱する。身体に生きる権利を認めなかったがために定着した、身体を死に押しとどめ、その生を否定する考え。内なる生命と外なる生命を引き離す考え。そのような重石、物質性という石を、我々は意識から取り除くのだ。

では、立ち上がり、死より脱出しようではないか――以上が復活の意味である。

遍在、全能、全知の生命。在らざるところなく、力なきところなく、意識なきところない生命。あらゆる場所において存在し、力にあふれ、目覚めている生命。満ち足りて、自由であり、美しい光を放ちながら表現豊かな活動を広げる生命。その生命が今この場所で完全に実現していると目覚めること、それこそが復活である。

この悟りに心が炎と燃えたとき、私たちの全存在はこの内なる生命で輝き、私たちもまた直ちに手を伸ばして、『ラザロよ、出でよ。墓より、出でよ。汝は死の世界に属するものにあらず。生の世界に出でよ。迷妄より覚めよ。今ここにおいて目覚めよ』と言うことができるのである。

それとともに私たちは、自分が大師であるという意識に目覚める。

しかしまた、この目覚めをよそ事として傍観している人たちの鈍き心に泣くであろう。

この目覚めは過去数千年もの間、人類に示されてきたのに、多くの者が悪戯に惰眠を貪《むさぼ》り続けている。

しかし彼らが惰眠を貪っているからと言って、私たちまでそうして良いということにはならない。

私たちが目覚めて初めて、人類全体が神から受け継いだ、かの正当なる財産に目覚めるのである。

私たちが神性を取り戻すとき、ダイヤモンドよりも煌めく結晶状の白光が現れる

神から受け継いだ、この正当なる財産に目覚めたとき、私たちの体が常に美しく純粋なる霊体であり、最も神聖、荘厳、真実なる神の宮であるという、永遠の昔から伝えられてきた真理の美しさと純粋さに、また目覚めるのである。その時、私たちの体は、本来この至高の状態から、未だかつて低下したことはなかったのだという確信が出てくる。低下したというのは、人間が勝手にそう思い込んでいたのである。

このような迷いが消えるとき、私たちの体は、神から受け継いだ、本来の神性なる姿を

取り戻す。その時、暖かい夏の宵の香りがすべての風物を覆い、私たちの体は神性の光を帯び始める。間もなく、幾筋もの純粋な白光が体内に現れ、その白光で私たちの体は輝くようになる。優しく、それでいて燦々《さんさん》と輝いた、生ける白光は、白金の蒸気のように周りの清澄な大気へと浸透していく。この光は着実に広がっていき、体全体に漲《みなぎ》り、この柔らかく輝く生きた光はちょうど、白金色の雰囲気のように周囲の清澄な大気に及んでゆき、次第に光を増していって、遂には周囲のすべてのものを蔽《おお》い、周囲のすべてのものに沁みわたってゆく。

さらに、この輝きのなかにあって、純粋なダイヤモンドよりもなお眩く煌《きら》めく結晶状の白光が現れる。それが実に私たちの体から発し、純粋な光を放って美しく輝くのである。ここにおいて私たちは、神の生命に完全に浸り、美しく光り輝く体をもって、『聖なる変貌の山』に、イエスと共に立つ。

すなわち、人の子が神のキリストとなったのである。かくて神の国が再び人類の中に現れたのである。しかも、前にもまして活力をもって出現したのである。なぜなら、イエスの他にも、人々が完全にこの神の王国を受け入れ、且つそれを実現したからである。神の国の光は、それが容認されたときに光を増すのである。

これが、人類が今日まで常に持って来た、また現に今でも持ってきている真実の体なのである。

そのような体は常に存在してきたし、また今後も常に存在するであろう。

この体は、かくのごとく光り輝くものである以上、いかなる老齢や老朽も巣食うことはできない。

また、かくのごとく活気溢れているがゆえに、死に果てることもない。

仮に1000回十字架に磔にされようと、そのたびごとに、勝利をもって復活するのである。

また、いかなる逆境に置かれようと、聖なる主として聳《そび》え立ち、永遠に復活する。

この教えは、2000年前にも、新時代の教えであったが、今日においても、なお新しき教えであることに変わりない。当時も今日も同じである。それは、劫《ごう》を経る教えの再誕に他ならない。この教えは、数十万年前は、赤ん坊でさえ判るほどの平易な言葉で語られたものであった。すなわち、人間は自分の自由意思で造り上げた世界を脱皮して神の王国に進化していくということである。

人の子は、自己の神性を悟り、この神性を、自己の体と事物に現し、神の王国において神のキリストとなることになっている。『汝ら、汝らの神なるを知らずや』である。


あなた方には特別の使命があり、与えるべき光をもっていて、他の者では成就することのできない仕事がある

この汝らの内なる王国は世界でもっとも自然なものである。

人がもしキリストの内に在るならば、まったく新しい者となる事実を、あなた方は見落としてきた。

『人々に王国を与え、みなが王国に入ることは、父なる神の大いに歓び給うことである』では、一体それは、いつ実現するのか、という質問が出てくるが、その答えは常に決まっている。

すなわち『外が内に等しくなったとき』である。ドングリの中に眠っている樫の大木も、殻を破って大きくなる前にまずドングリ全体が目覚めなければならない。

『目がまだ見たこともなく、耳がまだ聞いたこともなく、未だかつて思い浮かんだこともないようなことを、神はご自分を愛する人々のために備えておかれた』のである。

宇宙という広大な構造物の中には、一人ひとりの人間に相応《ふさわ》しい場所があり、各人が各人なりの場所をもっていることを神は知り給う。各人がその相応しいところにあるからこそ、宇宙という建物は建っているのである。この教えを学んだとき、すべての人々の荷は軽くなり、各人の顔、とりわけ口を利く術もなく、鞭《むち》で追われる家畜のように働かされていると思う疲れし人々の顔も、微笑をもって飾られるのではなかろうか？　かくて、私はあなた方に言うが、**あなた方は特別に考え出された被造物であって、特別の使命があり、与えるべき光をもっており、他の者では与えることも成就することもできない仕事をもっているのである。**

あなた方が、自分の心、精神、魂を、神の霊に大きく開くならば、この事実がおのずとハートの中で悟られるであろう。ハートの中で、あなたたち自身の父なる神が、あなた方に語りかけることを知るであろう。あなた方がこれまで自分自身を気紛れ屋とか、無分別などと思ってきたとしても、内なる神に還った瞬間に、父なる神はあなた方を献身的にやさしく愛しておられることが判るであろう。

神からの塗油《とゆ》は、あなた方の内に準備されているのであって、何人の教えも必要としないのである。

これこそ旧き思想からの復活ではないか？　『汝ら何人よりも教えを受けるに及ばず』、とある通りである。ただ常にあなた方のものである、神からの塗油を受けることだけが必要なのである。他の人々を兄弟とし、助言者として受け入れることは良い。しかし、本当は常に内から教えられ、導かれるのである。

真理はそこにあるのである。

いずれ、あなた方は、それを悟るであろう。

人類は全体として、一個の完全な単体である。

ただの一個の単体ではなく、一個の偉大なる単体であると、真理は常に教えている。

神と結合したとき、人類は偉大なる一（Great One）である。

人類は兄弟以上のものである。葡萄《ぶどう》の木と枝で一本の葡萄を成しているように、人類は全体として一人なのである。いかなる部分、単体も全体から引き離すことはできない。

キリストの祈りも、『彼らが一つとなるように』である。

従って『我が兄弟のいと小さき者に対してしたことは、すなわち私にしたこと』なのだ。

今やあなた方は、天と地にある全兄弟が、キリストと名付けられる者であることが判ったであろう。

『すべては一つなり』、一つの霊、一つの体、全人類という偉大な主たる体――これが、真理である。

この体は、偉大なる神の愛、光、生命によって完全な一なる全体として融合するのである」

第5章

地獄・悪魔・神について イエスは語った

神の完全な計画のどこに悪魔が存在し得るのか。悪魔の力は人間が与えたものだ

ある時、話のテーマが地獄のことになり、隊員の一人が地獄の場所や悪魔の意味について質問をしたところ、イエスはすぐにこう答えました。

「地獄や悪魔は、人間のやがて消えゆく想念の内にしかないのだ。それらは単に、人間がそこにあると思い込んだ場所に、作り出されるのである。あなた方が、今得ている悟りに立脚するならば、地獄や悪魔を地球上のどこにも作り出すことなどできないはずだ。もし天国がすべてであり、すべてを取り囲んでいるのであれば、地獄や悪魔等というものが存在し得るはずがあろうか。

神が全てを支配し、神がすべてであるならば、一体神の完全な計画のどこに、そんなものが存在し得るだろうか。

物質科学を取り上げてみても、熱や光、その他たくさんある自然の力は、まさに地球に含まれていると言い伝えられている。太陽そのものには熱も光もなく、地球からそれらを

引き出す潜在力があるだけである。まず、太陽が地球から熱線や光線を引き出す。その後、熱線は、エーテル中に浮かぶ大気によって再び地球の方に反射する。光線もほとんど同じであるが、光線の場合、エーテルによって地球の方へ反射する。空気は比較的低い高さまでしか分布していないため、地表から大気圏の上限に向かうにつれ、熱線の効果は変わってくる。空気が薄くなると反射は少なくなるので、結果として、高度が上がるほど熱は減り、寒冷が増す。熱線は、引き出された後反射して、すべて地球に戻ってくる。そして、再び地球で生み出されるのだ。空気の限界地点は、すなわち熱の限界地点である。光線の場合も同じだ。

光線は、地球から引き出され、エーテルにより反射する。エーテルは空気よりもずっと遠くまで分布しているので、全て反射するまでに光線が進む距離は、熱線の場合よりはるかに大きい。エーテルの限界地点は、すなわち光の限界地点である。熱と光の限界地点に達することは、極寒冷（the great cold）への到達を意味する。極寒冷は鋼鉄よりもはるかに硬く、ほとんど抗いようのない力でエーテルと大気を圧している。このようにして、エーテルと大気が共存する状態が保たれている。

しかし、地獄は暖かいことになっており、悪魔陛下（his Satanic Majesty）は寒さが大の苦手という。よって、極寒冷の内に悪魔の住処などあり得ないのだ。

以上でこの問題は片付いたので、科学におけるもう一つの言い伝えを取り上げよう。今度は地中に潜っていくことになる。地表より少し下には溶けた塊がある。それはとても熱く、あらゆる物質を溶かす。この真中にある溶けた塊は、外側の地殻よりもゆっくりと回転している。それら二つの隣接帯において、自然力が生み出され、ここでもまた、神の手がすべてを支配している。それゆえ、ここにも悪魔陛下の住処、すなわち地獄はありえない。

というのも、悪魔が、最も暑い場所、最も寒い場所のいずれかに住もうとしても、暑さも寒さも同じように体力を消耗するため、ひどく居心地が悪いはずだからである。私たちはあらゆる場所を探してきたが、悪魔の住処を見出すことはできなかった。それゆえ、悪魔は実は人間のいる場所にいるのであって、その力にしても人間が与えたものである。

私が追い出したのは、その個人の逆境だったのである。あなた方は、私がある男から悪魔を追い出し、豚の群れに入れて海の中に身投げさせたと、片時でも考えるだろうか？

本人自身で造りだしたのでない限り、私はどのような人にも悪魔を見たことはない。私が悪魔に認めたことになっている支配権にしたところで、実は人間自身が与えたものであったのだ」

神とは一体誰のことか、何のことか？

その後で、話題が神に移っていったので、一人の隊員がこう質問しました。

「神とは一体誰のことか、または何のことか、ということについて教えていただけますか？」

イエスはこれに対し次のように答えました。

「あなたがそういう質問をする気になった動機はよく判る。心の中にくすぶっているわだかまりを解決したいのだろう。今日の世界を悩まし、攪乱《かくらん》しているのは、どこの誰が何語で言い出したにせよ、多くの相矛盾する思想や考え方である。

神とは現に存在するすべてのものの背後にある原理である。ものの背後にある原理とは神の霊である。神は、全能、遍在、全知である。神は私たちの周囲に見られるすべての善きものを直接創造し、かつそれを支配している原因でもある唯一心である。神はすべての形あるものを支え、結び合わせているすべての真実の愛の根源である。

神は非人格的な原理である。神は個人に対しては人格的な愛深き父にして母となるが、その他には、決して人格的ではない。個人にとって、神は人格的な、愛深き、すべてを与えてくれる父母ともなり得る。神は空のどこか天国と呼ばれる場所に定着し、王座に座って死後の人々を裁くという、何か偉い者では決してない。なぜなら、神は生命そのものであり、生命は決して死ぬことがないからである。それは、私たちの身辺でよく見かける、多くの誤った知識同様に、人間の無知な考えからくる誤解である。

神はその存在を人間に強要して認めさせようとしたり、あるいは罪人を法廷に引きずり出したりするような裁判官や王様ではない。神は愛深き、すべてを与える父にして母なる神なのであって、人が近づいて来れば、両手を差し伸べて抱擁してくださるのである。

あなた方の過去や現在の人となりや職業は、神にとって何ら問題にはならない。あなた方が真実の心情と目的をもって求めるならば、依然としてあなた方は神の子である。あなた方が父の家から顔をそむけた放蕩息子であったとしても、また、豚の飼料にする糟《かす》にも似た人生の糟に倦《う》み疲れていても、再び父の家に顔を向け、愛深き歓迎を受けることができるのである。そこには常にご馳走が並べられて、あなたを待っている。父の家に帰っても、あなた方より先に帰っていた兄弟以上に責められることもない。

神の愛は山から迸《ほとばし》り出る清浄な泉にも似ている。淵源《えんげん》では清浄であるのに、流れ行くうちに曇り、汚れ、海に流れ入る頃には、初めとは似ても似つかぬものとなり、やがて海底に泥や沈殿物を落とし始め、次に再び海面に上がってくるが、その時には見るからに楽しいのびのびとした大海の一部となっており、そこから再び蒸発して泉を補給するものとなる。あなた方はちょうど、自分の父母や兄弟友人に対するのと同様に、いつでも神を見、神と語ることができるのである。

実のところ、神は誰よりも身近におられるのである。

神はどんな友よりも遥かに慕わしく、また忠実である。神は決して興奮もせず、意気消沈することもない。神は決してその子たち、生き物や被造物を一つとして破壊することなく、傷つけることなく、妨げることがない。もしそのようなことでもすれば、もはや彼は神ではない。

その子たちや生き物や被造物を裁き、破壊し、あるいは美しいものを与えようとしない神なるものは、人間の無知な考え方が造り上げたものに過ぎない。そのような神は、あなたたち自身で恐れたいと望むのでない限り、恐れる必要はないのである。真の神は御手を差し伸べてこう言われるからである。

『我が持てるすべての物は汝らのものである』

あなた方のある詩人が、『神は息よりも近く、手足よりも近し』と詠ったが、それはインスピレーションによるものであった。人が正しいことのために何かをするとき、神はこれらの人々にインスピレーションを与え給う。人は意識さえすれば、常に神の霊感を受けることができるのである。

『我はキリスト、神の一人子なり』と私は言ったが、それは私自身のためだけに宣言したのではない。もしそうなら、私はキリストにはなれなかったのである。**内在のキリストを表出するには、私にしても他のすべての人々も、みなそう宣言しなければならないこと、しかる後、キリストの生活を生きてゆかねばならないこと、その時初めて内在のキリストが現れるということを、私は明確に悟ったのである。**

内在のキリストを宣言しても、キリストとしての生活を生きてゆかねば、内在のキリストは現れないのである。愛するみなさん、考えてもみるがよい。もしすべての人々が自己内在のキリストを宣言して1~5年キリストの生涯を生きるならば、なんという大いなる覚醒が起きることか。そして、その後どんなことが起きるかは、もはや想像もつかないほどである。これが私の見たビジョンである。

愛する兄弟たちよ、あなた方は私と同じ立場に立ち、同じ見方をすることはできないだろうか？

どうしてあなた方は、私の周囲を迷信という暗闇と泥で取り囲むのだろうか。

どうしてこのような迷信より上へと、目線、および精神や思考のレベルを引き揚げ、明瞭なビジョンをもって見ないのだろうか？

そうすれば、人間自身が造り上げたもの以外は、決して、奇跡も、苦痛も、不完全も、不調和も、死もないことが判るであろうに。『われ死に勝てり』と私は言ったが、その意味をよく知ったうえで言ったのである。しかし愛する人たちにその証拠を示すためには十字架にはりつけられる必要があったのである。私たちの全世界援助の仕事には、大勢の人が一緒に加わってやってくれている。それは私たちの生涯の仕事である。

人類をほとんど呑み込まんばかりになっていた悪念、猜疑《さいぎ》、不信や迷信の波動を防ぐために、私たちのエネルギーを結集して対処した時代もあった。その波動を悪の力と呼んでも良い。悪とは言っても、実は人類自らが悪たらしめているのである。

しかし今や愛する人々が鎖を断ちきっていくので、それにつれて、だんだんと光が射して明るくなってきている。これらの鎖を投げ棄ててしまえば、暫くの間、人類は物質偏向に沈むかもしれないが、たとえそうではあっても、それがゴールへの一歩前進である。なぜなら、物質偏向は迷信や神話や神秘めかすことほどには、自主性を喪失させないからである。

あの日、私が水の上に足を踏み下ろしたとき、私が物質でできた大わだつみと思いながら、海を見下した、とあなた方はお考えだろうか。否、である。私はいかなる深みの力をも超越する神の力をじっと見つめていたのである。その瞬間、水は巌のように固くなり、まったく安全に水の上を歩くことができたのである」

最初の人間とキリストは一つであり、すべての人間とその最初の人間は一つである

ここでイエスは暫く語りを止め、隊員が質問をしました。

「こうしてあなた様とお話をしていると、あなた様のお仕事の邪魔にはなりませんか？」

イエスが、

「ここにいる私たちの友人たち、誰一人に対しても邪魔になるはずはない。私もまた、その友人の中の一人なのだから」

と答えると、誰かが、

「あなた様は、私たちの偉大なる兄弟です」

と言いました。すると、イエスの顔が微笑で輝き、こう答えられました。

「ありがとう。私はいつも、あなた方を兄弟と呼んできた」

隊員の一人が、向き直ってイエスに訊ねました。

「みながみな、内在のキリストを現すことができるでしょうか？」

「できるとも。内在のキリスト顕現の究極の目的は、ただ一つのみである。人間は神から出てまた神に還る。天から降りてきた者は再び天に昇らねばならぬ。キリストの歴史は、私の誕生と共に始まったのではない。また、十字架上の磔刑《たっけい》とともに終わったのでもない。

キリストは、神が最初の人間をその像に似せて造り給うたときすでに出現したのである。その最初の人間とキリストは一つである。また、すべての人間とその最初の人間は一つである。

神は最初の人間の父であったように、すべての人間の父である。すべての人間は神の子である。子は親の特質を持つ。そのようにまた、キリストはすべての子たちの中に在る。子たちは長い年月を生きてきているうちに、内在のキリストの力によって、自分が本来キリストであること、神と一体であることを悟った。それからキリストの歴史は始まったのである。

この歴史は人間の始まりまで遡れる。

内在のキリストという言葉には、人間イエスという言葉以上の意味があると言っても、何ら矛盾なく通用する。私がもしこのことを知らなかったら、内在のキリストを顕現することはできなかっただろう。これは、私にとっては無価の宝珠、新しい器に盛られた古き酒ともいうべき真理であり、この真理を他の多くの方々がもたらし、且つ実現したのであり、それを私もまた実現し、その真実なることを証明したのである。

十字架のあの日以来、50年以上もの間、私は教えを垂れ、弟子たちや愛する人々と一緒に過ごしてきた。

その時分のこと、私たちはユダヤ郊外のある静かな場所に集まったことがある。そこに居れば迷信の徒の詮索にも遭わずに済んだ。多くの者がそこで偉大な賜物をいただき、また偉大なる仕事を成し遂げたのである。その時、私は暫く身を退いていた方が、すべての人に接し、多くの人々を助けることができると判ったので、身を退くことに決めたのである。そのうえ、彼らは自分みずからに頼ろうとはしないで、私に頼っていたのである。ゆえに自分みずからを頼りにするためには、彼らから身を退けることが必要だったのである。もしも彼らがその頃、私につきまとって生きていたなら、後で私と再会することなどできなかったであろう。

十字架は、初めは世界がその頃までに知り得た最大の歓びを象徴するものであった。十字架の基底は、人間が初めて大地を踏みしめたところである。

従って、この地上における天国の黎明の象徴である。

もしあなた方が十字架の起源を遡ってゆくならば、やがて十字架の形はまったく消え、献身の姿、すなわち、両手を挙げて祝福し、全人類にその贈り物を送り、四方八方にその贈り物を惜しみなく注いで立っている人間の姿に変わるであろう。

キリストとは、肉体という形の中にいる生命であること、その生命とは科学者が垣間見てはいるものの、今なお究明しえない根源から湧き上がるエネルギーであることをあなた方が知ったとき、人生はこれを惜しみなく与えるために生きるものであることをキリストと共に感じるであろう。

さらにまた、人間は常に自分の外形を溶解しながら生きてゆかなければならないものであること、およびキリストが感覚体の渇望するものを棄て去り、自らはその時享受することのできない善きことのために生きたことを学び悟ったとき、あなた方はすでにキリストそのものなのである。

自分というものが、より大いなる生命の一部であることを悟り、全体のために自分自身を犠牲にすることを辞せぬとき、また自分に跳ね返ってくる結果の如何を顧慮することなく正しいことをするようになったとき、肉体生活やこの世の与えるものをすべて惜しみなく棄て去ったとき（と言っても、自己否定や貧困を意味するものではない。なぜなら、時としては義務の遂行上、人生の楽しみすべてを放棄しなければならぬように見えることはあっても、神のために与えれば与えるほど、一層与えるものが増えてくるのに気づくであろう。己が生命を得ようとするものは、これを失うことも知るであろう）、その時こそ純金が火によって完全に焼き浄められて、炉の一番奥深いところに静まっていることを悟るであろう。

人のために生命を与えても、実はそれは生命を新しく獲得することであると知るとき、大いなる喜びを感じるであろう。受けることは、惜しみなく与えることであり、死ぬ運命にある肉の身を放棄したとき、より高き生命が勝利することを知るであろう。こうして勝ち得た生命は、すべての人々のために勝ち得られたものであることを、歓びをもって確信するだろう。

キリストが一人誕生するごとに、人間は一段ずつ向上していく

偉大なるキリスト魂は川にも下れるということ、および水の上を歩けるということは、実は世界の大きな欠乏に対してあなた方でも感じる憐れみを象徴しているに過ぎないことを、あなた方は知らなければならない。それが判れば、あなた方も兄弟を援助するようになり、しかもそれを自慢しなくなるだろう。

また、あなた方のところにやって来る飢えた魂たちのために、生命のパンを回すようになろう。そしてそのようなパンは、与えても決して減らないのである。すべての魂を完全

なものにする言葉（Word）をもってすれば、あなた方の元にやって来る、すべての病める者、疲労した者、重き荷を負う者たちを癒し得る、ということを十分に理解せねばならない。

無知のために盲目である者、あるいは自ら選んで目を覆う人々の眼を開くこともできるのである（視力を失った魂が、いかに低くあろうと、問題ではない。彼はあなた方をキリストと思い、キリストの魂が自分の傍に立っていると思い、彼の踏むその土を、紛うことなく生きるキリストとしてあなた方が、その足をもって共に踏んでいると思うに違いない）。

その時あなた方は父と子の本当の一体は内に在るのであって、外界にあるものではないこと、外なる神が取り払われ、内なる神のみが残っても、心騒がず、平穏でいられることが判る。そして、『我が神、我が神、何ぞ我を見捨て給うや』という言葉が響きわたっても、あなた方はそのような愛と恐れの叫びをあげずに済むだろう。その時でさえあなた方は、自分を孤独だと思わないだろう。なぜなら、あなた方は神と共にあること、その時こそ、これまで以上に神のハートに近づいていることを知っているからである。

最も深い悲哀に触れるときこそが、最も大いなる勝利の始まるときである。こうして悲哀は、指一本あなたに触れることはできない。以上のことをあなた方は悟らなければならない。

　これが悟れたそのときから、あなた方の声は偉大なる自由の歌となって高鳴るだろう。なぜなら、今やあなた方は自らがキリストであること、人々の内にあって、人々のために輝く光であることを充分に自覚したからである。このように、起伏激しき人生行路を旅するのに、自己内在のキリストを見出さない限り、すがるべき助けの手も見出せない魂の中は闇であることを、あなた方は知るだろう。

　あなた方は、自分が本当に神性であることを知らなければならない。

　自分が神性であるからには、どんな人でも自分と等しく神性であることを知らねばならない。

　また、至高所に光を運ぶ途中に、多くの暗い場所を通り過ぎなければならないことを知るだろう。しかし、すべての人々の役に立てることを歓び、あなた方の魂は高鳴るだろう。その時、あなた方はおのずとこぼれる歓びの声をあげ、神と一つになって、己が至高所に昇るであろう。

　知っての通り、自分の生命で他人の生命を代理したり、他人の罪を己の潔白で贖《あがな》ったりすることはできない。

しかし一方、人はみな、歓びに満ちた、自由な、内なる霊である。その霊は、彼らそのものであると同時に、神の霊である。このことも理解しているはずだ。人々が、互いに手を差し伸ばすことができずとも、あなた方は彼らに手を差し伸ばせること、一人ひとりの生命を生かすためには、自分の生命をも与えずにはいられないこと、そして、このような行為の価値は滅びることが決してないことを、あなた方は知っている。

ただし、くれぐれも相手を尊重し、彼の生命が自らあなた方に向かって開かれない限り、彼の中にあふれる生命を注ぎ入れてはならない。しかし、彼に向かって、あふれる愛、生命、光を惜しみなく注ぎ出すがよい。そうすれば、彼がまさに窓を開くとき、神の光が流れ入り、彼を照らすだろう。

こうして、キリストが一人誕生するごとに人間は一段ずつ向上してゆくのである。

人は、父なる神の持ち給うものをすべて持つ。

すべてを持つがゆえにそれはすべての人々の使用に供されるべきである。

あなた方が真実へとひたすら向上すれば、それだけ全世界をも共に向上させたことになる。なぜなら、あなた方が神に至る道を歩けば、それだけ他の兄弟たちにとっても、その道が歩きやすくなるからである。

信念とは内なる神である。このことをよく知って、自分自身に対し信念を持たなければならない。

最後にあなた方は、自分が神の宮であり、人の手で造られたものではなく、天上においては勿論、地上においても不死であることを知らなければならない。これを知ったとき、人々はあなた方をこのように謳歌《おうか》するだろう。

『ものみなよ　ほめたたえよ
ものみなよ　ほめたたえよ
彼来たる
彼来たる
王は来たる
見よ
彼は常に汝らと共にあり
汝らは神の中にあり

神は汝らの中にあり』」

イエスは、その夜は同じ村の、一人の聖なる兄弟のところに行くことになっているため、これで辞去しなければならないと断って立ちあがられたので、一同も起立しました。

イエスは一同を祝福し、会衆の中の二人を従えて部屋から出て行きました。

第6章

癒しの方法／脳細胞に波動を定着させる想念について

戦争、地震、洪水が起こるのは、人間の脳細胞の働きのため

私たちが着席すると、一人の隊員がエミール師に質問しました。

「人はみな病気を治す術を身につけることができるのでしょうか？」

「病を治す力は、物事をその根本にまで遡って見極めるようになれて初めて身につけることができます。

不調和が神からくるものではないということが判ったレベルに応じて、不調和の克服ができるのです。

あなた方の運命を形作る神は、なにも陶工が粘土でも細工するように外からあなた方を細工するような強者ではなく、あなた方自身の内と周囲、およびすべての物質の周囲と内にある強大なる神聖な力であって、それはあなた方のものであり、意のままにそれを使うことができます。このことを悟れなければ、自分自身に対する自信は出てきません。**不調和に対する最大の癒しは、不調和が神からくるものではなく、神はそのようなものは造らないと知ることです。**

光と影と色彩の波動など、脳は、目から伝えられる波動は何でもその通りに全部記憶しますが、それと同時に内観の働きによって、これらの波動を再生し、映し出す特質をもっています。そのために私たちは、目から脳に伝えられた像をもう一度見ます。

この通りのことを、あなた方はカメラでやっているわけです。カメラの感光板が露光すると、感光板は被写体の放出している波動を受け取って記憶します。こうして記録した像をいつまでも残して見られるようにしようというのであれば、それを定着させなければなりません。被写体の動きや色が定着によっていったん記録され再現されると、今度はそれが定着の時と同じ周波数で明暗や色彩を復元し放出します。

想念（意）や言葉（口）や行為（身）の場合もこれと同じです。

脳には選択技能のある細胞群があって、それに対応する波動をキャッチして記録します。この波動が繰り返し放出されると、細胞はその働きを乱されない限り、元の通りにそれを再現します。また、この他にも他の形態の放出する想念や行動、動作や像の波動を選択的に受け取り、記録し、定着することのできる脳細胞群があります。これらの波動を再現し再放出することもできますし、これらの形態や対象の言葉や動作、想念でさえも再現できるように細胞を調整することもできます。

こうした細胞を通して、ちょうど自分自身同様に他者の想念を支配して、その人を助けることもできます。戦争、地震、洪水、火事その他、人間が代々被っているすべての災厄が起こるのもこのような細胞の働きのためなのです。

たとえば、誰かが何かの事件が起きるのを見るか、あるいは起きていると想像しているとします。その人の脳細胞には、自分が見た、あるいは想像した事件に対応する波動が脳細胞に定着し、それが放送されて他者の同じ脳細胞に刻印され、それがまた跳ね返って、遂にはそのことが定着して現実に起きてしまうことになるのです。

しかし、そういう事件でも、その根本原因である想念をすぐに引っ込めて、脳細胞にその波動が定着、再放送されないようにすれば、これを回避することができます。この他、すべての正しい波動の創造と放射の源泉である神の心から出る想念と行為の波動を選択して受け取り、それを記録定着する細胞群があります。

この神聖な心、すなわち神は、あらゆる物質に遍満し、神聖且つ純粋な波動を放射しています。ですから、もし私たちがこの細胞群の本来の機能を邪魔しなければ、私たちは神聖な心から受け取る波動をそのまま放射することができるのです。私たちは、『神聖なる心』そのものはありませんが、その波動を受け取り、且つ放射する細胞群を持っているのです」

人間自身の無知な考えから造りだされた不調和が、そのまま現実になる

ここで暫く話は途切れ、深い沈黙がやって来ました。

すると部屋の壁に映像が映りました。

初めのうちは止まったままでしたが、すぐに動き出し、次の瞬間には場面が変わり始めました。

世界のどこの繁華街やビジネス中心地にもよくあるような場面が次々と映ります。それが劇的なスピードで次々と変化してゆきますが、もっとも有名な場所は、それと確認できる時間的余裕があります。

特にある場面に関しては、1894年12月に、私たちがカルカッタに上陸した情景でした。断っておきますが、これは映画の噂を聞くずっと前のことです。

その上これらの画像は、人間やその他の物体の動きを逐一描き出し、約1分間おきに約

1時間にわたって、次々と映しだされていったのです。

これらの画像が刻々と移っていく間、エミール師が口を開きました。

「これはすべて、現在の世界の様相です。地球上の大部分が一般的に平和で繁栄している様子がお判りでしょう。それを搔《か》き乱すものもなく、全般的に幸福で、一応満足しています。しかし、その下には、人間自身の無知な考えから造りだされた不調和が、釜の中で煮えたぎっています。国家間には憎しみと不調和があります。人々はこれまで地上にあったためしのない巨大な軍事施設を脳裏に描き始めています。

私たちとしては、善きことが出てくるように、できる限りのことをしていますが、私たちの努力だけでは独裁の腹を決めている人たちを支配するには、不充分です。もしも彼らがその悪魔的なプランを数年以内に完成して始動させ得るとすれば（私たちは、させ得ると充分に信じています。なぜなら、人々や国家は目を覚まして熟考すべきときに寝入ってしまっていますから）、こんな有様になってしまうでしょう」

すると、10～12の戦争画像が集中的に現れてきました。

それは私たちが夢にも見たことのない場面でした。

エミール師は語り続けます。

「こんな状態にならないようにと幸運を願っているわけです。いずれ時が経てば判明することでしょう。私たちとしては、こういう風になってくれるよう願っているのです」

すると、壁面には譬《たと》えようもない美と平和に満ちた場面が、次々と現れてきました。

「これは、あなた方にしても、そうあって欲しいと望んでいるはずの情景ですが、2番目にお見せした場面はできるだけ心の中から追放するようにしてください。それが、あなた方が想像する以上に、私たちへの協力になるからです」

エミール師が作った粘土細工に息を吹きかけると、その人形が動き出した

話が暫く途切れてから、一人の隊員が、主なる神という言葉の意味を訊ねたので、エミール師は答えました。

「『主なる神』という言葉は、神聖原理、すなわち神が、その性質をこの地上に現すために創造した完全な存在者を現すために使われた言葉です。この方は、神聖原理者に似せて造られ、神聖原理者の持っているものはすべて手に入れ、使うことができました。この方

は、地球上に存在するすべての状態を支配する力を与えられ、神聖原理者が思っている理想的な方法で発達させました。

この方が、後に『主なる神』と呼ばれたのです。

この言葉は、同時に創造行為における表現、あるいは神の法則を意味します。

これが完全なる者であり、神聖原理は人間皆にそうなって欲しい、すなわち内在の『完全なる者』を顕現して欲しいと望んでいるのです。これこそ、神聖原理者が創造した神聖にして唯一の人間です。人間はその性質の中、霊的面ではこの主なる神または、唯一の者に近づいていき、その通りになれるのです。この神人が、後にキリストとして知られるようになったわけです。

キリストは天と地およびその中にあるすべてのものに対する主権を握っています。その後、この『主なる神』はその創造力を使って他の者を彼に似せて造り、これが後になって『主なる神の子たち』と讃えられ、その造り主は父と呼ばれ、神聖原理者は改めて神と呼ばれたのです」

ここで暫く間をおいてからエミール師が、突然片手を伸ばしたかと思うと、掌の中に粘土のような可塑性の大きな塊が現れました。

これを彼はテーブルの上に置いてこね始めましたが、やがて高さ約18㎝の美しい人間の形になりました。それは、巧みな手さばきによって極めて短時間のうちに出来上がったのです。

出来上がると、暫く両手に置き、それから上に掲げてフッと息を吹きかけると、粘土の魂が生気を得て動き出しました。

やや長い間、両手で持ってから、テーブルの上に置くと、なんと、動き回りはじめたのです。まるで人間のような動作なので、私たちは、呆気にとられて口を利くのも忘れ、あ然と突っ立って見つめるのみでした。

エミール師は、聖書を引用して語りました。

「『しかして、主なる神、土の埃《ほこり》もて人を創造し給い、その鼻孔に生命の息を吹きいれ給う。かくて彼は、生ける魂となりぬ』。それからというもの、主なる神の子たちは土の埃もて人を造り、その創造能力でこの像に生命の息を吹きいれ、かくしてそれは、生ける魂となったのです。

天才も製陶所や手技で同様のことができます。その像であれ絵であれ、ただ手造りのままで放置するのであれば、彼自身には何の責任もありません。しかし、さらに一歩進んでその創造力を使って、それに生命を注ぎ込むなら、そこから責任が生じ、生じた責任はいつまでも続きます。彼は自分の造るもの一つ一つを怠りなく監視し、神の秩序の中に置かなければなりません。

ある意味で、人間はここで神との繋がりを失ったのです。ともあれ、彼はこうして像を造るには造りましたが、熱心のあまり、それに与えた生命を引き揚げなかったのです。そのため、これらのものがあてどもなく地上を彷徨《さまよ》うことになりました。しかし、もし彼が与えた生命を引き揚げてしまっていたなら、そこにはただ像があるだけで、彼の責任もなくなっていたでしょう」

話がここまで来ると、像はパッタリと動かなくなりました。

エミール師はなおも語り続けます。

「あなたがたは、陶工の手にある土を見たことがありますね。その場合、粘土をこねているのは神ではなく人間です。ところで陶工自身は、神の純粋な物質で造られているのですが、同様にその陶工が神の純粋な物質でそれを造ったなら、それは純粋真実の神の子となったでしょう。

このことは、平板の初めのシリーズを翻訳すれば、さらに明らかになるでしょう。さて、もう遅いので、あなた方も部屋に帰りたいでしょう」

お客が全員帰ってしまったあと、この最近の数日が満ち足りた日々であったと回想しながら、私たちは寝支度を始めました。

第7章

死んで蘇った チャンダー・センの教え／すべての人々のハートに キリストが誕生する日

いったん死んでから生き返った老人は、老齢の痕跡一つなく、若返り以上に変容していた

編集された記録の文字の意味をできるだけ明確に理解するために、私たちは翌朝いつもの翻訳の支度にかかりました。実は私たちは、古代文字のアルファベットを学んでいたのです。女将を教師にして、私たちはこれに熱中しました。

約2週間この仕事に没頭してから、ある朝寺院に行ってみると、意外にも、私たちの友チャンダー・センがいました。

彼は誰の目にも明らかなように、いったん死んでから生き返り、生き返ったときには、もはや何一つ老齢の痕をとどめていなかったのです。紛れもなくその彼がいました。

一同が部屋に入ると、彼は立ち上がって進み出て、心から挨拶を述べ、握手を交わしました。

私たちは彼を取り囲み、まるで授業が終わった後の児童のように、次々と質問を浴びせました。

姿といい、声といい、紛れもなく本人でした。

そして、老齢の痕跡一つありません。声すらも壮年の活気を取り戻していて、彼の全体に、軽快敏捷《びんしょう》な活き活きとした生命が映っています。目の表情といい、顔の表情といい、言葉では表現できません。

最初の数分間は、ただ死の前と復活の後の様子を比べるばかりでした。

初めて会ったときの彼は、よぼよぼの老人で、長い杖で身体を支え、髪は雪のように白く、足取りもおぼつかなく、やせ細っていたものでした。一人の隊員は、当時こう言っていたものです。「偉大な魂の所有者の中にも、こんなに年を取り過ぎた人もいるんだなあ。今にも彼岸に移っていきそうじゃないか」

数日前、私たちが目撃したあの変貌は、勿論印象に残っていましたが、何しろ突然姿が消えたものだから、もう二度と会えないと思っていたので、あの出来事もおのずと私たちの頭から消え去っていたのです。彼のこの変容は、単なる若返り以上のものでした。これに比較できるのは、私たちがいたく愛し敬うイエスのあの変貌だけです。

初めて会ったときの彼の姿と今朝の様子との違いから判断すれば、彼の魂は確かに生まれ変わっています。彼と知り合ってからわずかな期間にしかなりませんが、毎日のように接触はしていたので、かなり年老いていたのは、この目で見てよく知っていたのです。

彼はこのことがあった後、大ゴビ砂漠越えのガイド兼通訳としてほぼ2年間、私たちと行を共にしました。何年か後になって、かつての隊員二、三名が再会して当時の体験を思い出すごとに、あの日の朝のことがまず話題となったものでした。

これらの出来事をここで再び語るのですが、その時交わした話の内容を、逐一順序を追ってそのまま再現する意図はありません。

というのは、その後2日間は感激のあまり、1日の大半を、その話だけで費やしていたので、それを詳細にレポートするとなれば、読む側にとっては退屈千万なものになるに違いないからです。

そこで、ここでは、主要な点だけを抜粋することにします。

私たちを取り巻くオーラという想念はまる見えなので、何人《なんぴと》も自分自身を隠せない

最初の興奮がいくらかおさまると、皆着席し、彼は語りだしました。

「肉体が一番レベルの低い思考活動を表す一方、霊は神の心の最高の想念を表します。肉体が想念の外的な表現である一方、霊は、神の心（Divine Mind）から直接に、きっかけとなる最初の衝動を受け取る場なのです。霊は不滅な、真の自己であり、その中に神の心のあらゆる潜在力が備わっています。

想念のオーラはリアルで実質的なもので、その中には肉体を造るすべてのものがあるのです。

目に見えぬものは、空想の産物だと思う人が多過ぎます。また、そういう人は自分自身を隠しおおせるものではないと繰り返し言われても、隠しおおせると信じています。

アダムとイブは、主すなわち神の法則から隠れたつもりでしたが、隠しおおせたでしょうか？

私たちは、実は自分の周囲に自分の一生の記録を公開して歩いているのであって、本人が感知するしないにかかわらず、他の人々はみなこの記録から私たちの在りようを読み取ることもできるのです。

もっとも、想念を読み取るのが鈍い人もいれば、鋭い人もいます。それでも、誰でも少々は読み取れるものです。ゆえに何人《なんぴと》も自分自身を隠せるものではないのです。

また、私たちの想念のオーラは、じわりじわりと不断に凝結して肉体に現れ、言葉に代わって自分を語り、外からでも判るものです。私たちは、少々修練すれば、私たちを取り巻くこのオーラという想念の力を感じることができるもので、確かに外界と同じように実在するものであることが判るようになります。人間は、足で大地に触れることができますが、大望という翼に乗って天の高みに天翔《あまがけ》ることもできるということを、私は学びました。太古の人々のように、人間は地上を歩きながら神と語ることもできます。それがより多くできればできるほど、普遍生命がどこで終わって個の存在がどこで始まっているか、いよいよ見分けがつかなくなっていくでしょう。

霊的理解によって人間と神の盟約ができれば、神と人の限界線は消失してしまいます。ここまで到達して初めて、人はイエスが『わたしと父は一つである』と語った意味が判るでしょう。

神の遍在、全能、全知という人間の霊的三位一体について

各時代を通じて哲学者たちは、人間が三位一体であるという考えを受け取ってはきまし

たが、人間に三重のパーソナリティー（人格）があるということを、結局信じるには至らず、その代わり人間を三即一の存在と考えてきたのです。

『祝福されたる三位一体』とは、普遍心すなわち神の遍在、全能、全知という意味に解釈するのが一番なのに、すべてのものを人格化する傾向のために、一つの中に三つのものが在るというあり得ない考え方に墜《お》ちてしまいました。『祝福されたる三位一体』を、一人の中に三人がいるなどと解釈する限り、あるいは、説明はできなくても、とにかく受容しなければならないと解釈する限り、**人間は迷路という荒野、従って疑惑と恐れの荒野の中に住むことになるでしょう。**

神の三即一の性質というものが物質的なものでなく、霊的なものであるならば、人間の三位一体も物質的観点ではなく、霊的観点から観なければなりません。

ある賢明な哲学者がこう言っています。

『賢明なる者は、他のすべてを軽視して、「我」についての知識を求めるべきである。自己の実相に関する知識ほど高い知識はなく、また、満足すべき力を与えてくれるものもないからである』

もし私たちが、自己の真我を知るならば、自分の中に潜んでいる可能性、自分の隠されたパワー、自分の中に眠っている潜在能力を発見せざるを得ないものです。『人、全世界を儲けども、もしその生命を失わば何の益かあらん』とある通りです。

魂こそ、人間の霊的自我です。もし、その人が本当に自分の霊的自我を発見するなら、また発見して兄弟に奉仕するなら、その人は全世界を築くことができるのです。**最高の目標に達したいと願う者は、まず自分の真我の深さを探求すべきです。**そうすれば、そこに神、すなわちすべての全き善きものを見出すということを、私は学びました。

人間が霊的無知の状態にあるとき、人間の性質の一番低い面である肉体面で物事を考えがちであるのも、実は人間が霊と魂と肉体から成る三位一体だからです。

人間は霊と肉体の二大極致の中間にあり、いずれからも離れずにあるのが魂または心

無知な人間は、自分の肉体から可能な限り快楽を求めます。しかし、そのうち五官からあらゆる苦しみを味わうときが来ます。叡智によって悟るはずのものを、彼は苦悩を通して学ばなければならないのです。

多くの経験を繰り返して後、初めて彼は叡智がより優れた道であることを肯定するようになります。イエスやオシリスや仏陀は、『あらゆる努力を払って我々は叡智（悟り）を得なければならない』と言いました。


理念は知性の領域で機能し、肉体のバイブレーションをいわば液体に相当するレベルまで上げます。

この領域では、想念はまったくの物質でもなければ、霊でもありません。それはちょうど、振り子のように物質性と霊性の間を揺れ動いています。しかし、いずれは、どちら側に奉仕するかを決めなければならないときがやって来ます。

物質を選べば、その先には混乱と混迷の世界が待っています。

霊の選択肢もあります。そうすれば、その人は、人の中にある神の聖堂の円天井に昇ることができます。この状態は、ちょうど物質のガス状態のようなもので、弾力性があり、無限に延びる可能性があります。液体にも似た想念の流れを、天の高みを目指して統御し、疑い、恐れ、罪、病という霧のラインの遥か上に我が身を保つか、それとも人間の内なる獣性という汚辱の深淵に沈むか、二者のいずれに決めるかを、神は常に人間に任せるのです。

人間を霊と魂と体の三位一体として考えるとき、主として魂という立脚点から考えるなら、**人間は肉体を下の極致、霊を上の極致とする、二大極致の中間にあることが判るでしょう。**

心は可視のものと不可視のものを結びつける環です。

心が感覚器官の面で働けば、それは食欲や性欲など、すべての動物的な欲求の虜《とりこ》になってしまいます。それが、とりもなおさず、あのエデンの園の蛇であって、人を騙《だま》して毒の果実を一緒に食べさせたのです。イエスが、『モーセが荒野で蛇を上げたように、人の子も上げられねばならない』と言ったのは、自分の身体を十字架に上げることではなく、魂を感官の迷妄から上に高めることだったのです。

霊と肉の中間にあって、しかもそのいずれからも離れずにある魂は、動物よりももっと低級なことさえ考えることができます。

一方、平安と清純と神の力に富む聖霊と意識的に合一し、その中に入ることもできるのです。

人の子が、物質界の誤りを超えた世界に上ったとき、彼は純粋な叡智界で考え、且つ行うようになります。そこでは、彼自身が動物たちと共有している本能と、神と共有する神聖なる直観とを識別します。

人が純粋な霊の次元で考えるようになると、物そのものというより、物の理念が把握される、叡智界へと魂は自覚して入っていきます。魂がその界に意識的に入って行って、物自体よりは物の理念を感受するものであるということを、私は示されました。こうして魂はもはや五官に頼ることなく、さらに明確なビジョンをもって、広大なる地平の、より壮大な視野を得るのです。神の智恵によって真理が啓示され、心身共に健全にする霊感に満ちた教えが語られるのも、この境地において、です。

人の子がその物質界の淵から揚げられ、いったん精神界の清浄且つ洗練された美に囲まれると、やがてその人は、健全なる不満に駆られ、常に上昇してやまない魂の大波が彼をより高き階層へと押し上げてゆきます。ここではもはや彼は清浄なる映像を見るだけではなく、永遠の美そのものに囲まれて、清浄そのものの地に在するのです。内奥の世界を観た以上、もはや彼にとっては、それがすべてとなったのです。同時に外なるものが内なるものとなったのです。

かつては、結果の世界でうごめいていたのが、今や原因の世界に在する身となったのです。

三即一である人間の霊は、純粋な叡智です。純粋な叡智は、人間の本質の一部です。

そこでは、真理がはっきりと確認されており、もはや五官の証言や人間の意見など、何ら重要性を持ちません。これこそ内なるキリスト、あるいは人の子の内なる神の子であり、これを知ったとき、疑念や疑念から生じる失望も安らぐのです。人がその修練された魂に付随する明確なビジョンですべての事物を観じるのは、実にこの内なる神という、彼の存在の頂点からです。彼はいろいろな哲学が夢想する以上のものを天と地において観ます。

人間が内側からにせよ、外側からせよ、支配されるような心を持った肉体などではなく、心も肉体も霊的真我に従順な下僕にしてしまえることを学んだとき、人は初めから与えられていた主権を回復し、実現したことになるのです。

霊こそ人間存在の究極の本質です。

それは病むことなく、また不幸になることもありません。

なぜなら、かの偉大なる魂エマーソンは、『悩みは有限なるもの。無限者は微笑み手足を伸ばして安らぎ横たう』と言っている通りです。あなた方の聖書にあるヨブは、『人は霊にして全能者の息、彼に生命を与えたり』と語っています。実に、生命を与えるのは霊であり、霊が彼の心や肉体の行為を支配するのです。

霊は権威をもって命令を発し、すべてのものが、その正しき支配に服するようになるのです。

人々の心の中に、近づき来たる日の装いに包まれた新しい時代が、その夜明けを迎えようとしています。そして、汚れなき神の霊が、そのハートから輝き出て、扉は再び開かれ、意志する者すべてが、より壮大で、より充実した生への入り口を見出すでしょう。

永遠の若さと希望の努力の決意に震え、宇宙創成の暁からこの空に輝かしき光を放った如何なる者よりも栄光に満ちて、人の魂は今新しき時代の門に立つ。イエス生誕の時、ベツレヘムの星は今までになく強く輝きました。間もなくその光は真昼の太陽のようになるでしょう。

なぜなら、この新しき光こそ、キリストがすべての人々のハートに生まれる日を預言するからです」

第8章

天才への道／数百歳になっても肉体をもって生きていられる理由

体内エネルギーと生命液を、浪費するか保存するかでまったく違ってくる

翌朝、チャンダー・センは、昨日の話に続けて語りました。

「私は、人間の智恵が神の智恵にまで変わり得ることを、疑いようもないほど見せられました。はっきりそう判ると、私でも神の国に入れるし、また神の国が、実は我が内に在ることが判りました。神こそが遍在・全知の唯一の力であって、罪や不調和、病気、老齢や死というものは、もはや過去のものであることが判りました。時間と空間は完全に消え、今では私は主観の世界に住んでおり、客観世界は主観世界に従属することが判りました。

今では実在を悟ったのです。

これまで迷いの霧を彷徨っていたことが判りました。

精妙な感覚が時折明らかにした、鼓舞や兆候にあくまで従っていれば、どれだけ多くの苦労や心配の時間を省くことができたか判りません。

若いときは、ほとんどの人がそうですが、私も青春時代は生涯に一度きりしかないので、あらゆる方法で個我の欲望を満たすことだと決め、人生をできるだけ享楽することにした

のです。そこでまず自己追求を人生の第一目的とし、動物的欲望のままに行動しましたが、その結果、肉体の生命液を浪費し、結局私の肉体は、あなた方が最初にご覧になったように、ほとんど抜け殻の状態でした。以上の私の考え方がよく判るように絵で表現することにしましょう」

暫く沈黙したまま座っていると、前述したような情景が部屋の一方の壁に映ってきました。

それは少し前に会ったときの彼の姿で、木の杖にすがり、よろよろ歩いている老人の姿でした。その次に、今朝出て来たばかりの彼の姿が現れました。

「最初の姿は肉体のエネルギーと生命液（life fluid）を浪費して抜け殻となってしまったもので、その次が、エネルギーと生命液が体内に保存された姿です。あなた方は、私のケースを完全な若返りと見ていますが、一応はその通りです。しかし、私自身は別の視点から見ています。私のように、敬愛する方々のお助けと同情をいただく幸運に恵まれる人々が一体どれだけいるだろうか、と考えるのです。

私の考えが判っていただけるように、誕生から最後（多くの人々は死をそうみなしていますね）までの、一人の人間の一生を顧みてみましょう。まず、子供が生まれます。しかし、子供自身はその肉体を流れている生命液に気づきません。というのは、生命液の発生する器官が未発達で不活発のため、生命液もまた不活発だからです。

当然の状態であれば、この発育段階の間は、子供は美しく、活発で、生命力がたぎっています。生命液はますます強まり、遂にある段階まで発達すると、活発になって、それから浪費されたりします。もしわずか数年以内にそれが浪費されてしまうと、その子供には老化が現れ始めます。

目にはハリがなくなり、活発さや優美さが失われ、しなやかさも失われて硬化し、数年後には、脳も筋肉も調整力を失って老衰した老爺または老婆の肉体となって、『我』の抜け殻になってしまいます。

今度は、生命液をよく保存して体内の循環をよく保っている人の例をとってみましょう。

そのような人の強壮と頑健さは、まさに注目に値します。そのような人はたとえこの地上にただ生まれてきたということ以外に、人生について何ら高尚な思想を理解せずに短い人生を過ごして死んでいったとしても、彼の寿命は生命液を浪費した人の3倍から4倍にも及ぶでしょう。

もしその人が神の経綸《けいりん》の中に、ただ生きるだけ以上のさらに偉大な計画があることを悟るなら、実相の完全な開顕のためには生命液が必須であることに間もなく気づき、きっと肉体の生命液を常時保存するようにするでしょう。

みなさんの学者たちが肉体の循環系統を作っている動脈、静脈という精妙な系統について知り始めてからそう長くありませんが、実は、もっと微妙で精緻な循環系統が全身にくまなく張り巡らされており、それが一つ一つの体内の原子に生命力を運んでいるのであって、それを発見し、決定する仕事が学者たちにはまだ残っているのです。**この生命力は、神経系統を通して脳のある細胞に送られます。すると、この細胞群が配給器官となって、この力を、神経に沿って肉体原子全部に送ります。**また、この細胞群は、神経の保護作用も営みます。生命力が消散すると、細胞群が硬化してきて、新陳代謝によって新しく造られた細胞との交替ができなくなり、本来古くなった細胞は破壊されなければならないのに、新しい細胞の方が棄却され、やがて分解し、死滅していきます。

ところが、生命力が保存されていれば、５００歳になっても、ちょうど10歳の時のように、細胞は直ちに新陳代謝するのです。全生命力の保存が行き届いていれば、肉体は生命で充満しているから、およそ形あるものであれば、どんなものにも生命を吹き込むことができるのが判るようになります。絵を描き、像を造る。その他なんであれ、自分の思想を表現する作品に生命の息を吹きこめば、それが生きたものになります。そして、今度はその作品自身があなた方やその他生命感を感じ得る人々に、インスピレーションを語りかけていくのです。そのような作品は、あなたという主なる神の意志なるがゆえに、生命感溢れるものとなるのです。

しかしながら、そのような作品でも、これに神の生命が入らない限り、人間の形をとることはありません。もしそれに生命を与えるというのであれば、純粋な神の生命まで持っていかなければなりません。その時あなた方が完全であるように、その作品も完全になり、こうしてあなた方の責任は果たされたことになるのです。これが真の天才です。

生命液は血液よりも何十倍も重要であり、天才とは生命力を純粋なまま保存した人

さて、ここに根本的な誤りが一つあります。それを私は指摘したいのです。

あなた方のいわゆる天才とは、ちょうどその天才ぶりを発揮し始める頃に、生命力を純粋なままで保存して、体内に自然に備わっている経路を通してこの生命力を送る力を意識的に、あるいは無意識的に獲得した人です。それが、彼の肉体に活力と創造力を与え、通常のものよりも、なにかしらもっと高度な生命の表現のあることに気づかせるのです。この生命力を保存し、自由自在に働かせると、次第に素晴らしく輝かしい業績をあげてゆくようになります。

しかし、もし誤って性欲が忍び込むことでも許したが最後、創造力は急速に失われてしまいます。

天才の肉体は、まず生命力を保存することによって造られ、その細胞は、生命力を浪費した低級の人よりも精妙な組織になっています。その頃までには、彼は名声も博していますが、いかんせん、より深い感受能力、すなわち神の力を発展させていないため、自画自賛の虜となってしまいます。

こうして充分な覚醒に達していないため、導きの光を放棄してしまうのです。そして、もっと強烈な興奮を求めるあまり生命力を浪費し始め、すべての力が急速に衰えていきます。いったん人が、その想念を浄化および向上させて、動物的性欲を超克するようになり、そのお蔭で肉体に精妙な組織ができ始めたのに、今度は逆に堕落に身を持ち崩せば、その人は覚醒を得ていない人よりも、むしろ急速に退歩してゆくものです。

人が、真理に目覚めてその生命力をすべて保存し、おのずからそれが神経に行き渡るようにし、且つ神経を伝わって肉体の原子一つ一つに流れていくようにして性欲や情欲が歪まないようにすれば、昇華した精神状態は永続し、感覚もまた性的なものを遥かに超越するようになるでしょう。蛇は昇らされ、もはや性欲や情欲の暗黒と泥沼の中を這いずり回る必要はなくなるでしょう。

もし人が、この生命液が同量の血液よりも何十倍も重大であることが判れば、その浪費を慎み、その保存を欲するようになるでしょう。しかしこの事実に目を閉じ、まったく無知の場合もあり得るわけですが、目を閉じたり、または無知のままで終始するなら、やがては『大いなる刈入れ』がやって来ます。

その時悲嘆の声があがるでしょう。なぜなら、彼は収穫を讃えることができないからです。

みなさんは、老年というものを尊敬して、白髪の頭を名誉の王冠と見なします。私は、それをけなすつもりはありませんが、白髪の頭をいただいても無知あるいはひねくれて老齢の身になった者と、年と共にいよいよ円熟し、活力と強靭さを増し、年の取り甲斐も増して、それだけにまた、ますます親切で寛大になってゆく人と、果たしていずれが尊敬に値するか、その決定は、みなさんにお任せしましょう。

無知のまま人生の終焉を迎える人は哀れですが、歩むべき道を知りながらも全く同じ終焉を迎えてしまう人は、言うのもはばかれるほど哀れだと思います」

第9章

馬賊に襲われる／他を貪る者は必ず滅びるの法則

エジプトを遥かに凌ぐ華麗な王朝が眠る土地

この時以来、私たちはずっとチャンダー・センを師として、古代文字のアルファベットを懸命に学び始めました。光陰は矢のごとく過ぎ、4月も終わりに近づいてきましたが、記録の翻訳は、まだほとんどが未完成でした。それでも帰国の暁には、翻訳も完了できるだろうと、自らを慰めていました。

土地の友人たちは、私たちのために記録の大部分を翻訳してくれましたが、それでも、私たちが自力で翻訳できるように、文字を勉強するようにと、しきりに勧めました。

前年の9月、私たちはある探検隊とゴビ砂漠で出会いました。

彼らは3か所の古代都市の遺跡まで同行することになっていましたが、その遺跡の所在地がこの記録に示されているとのことでした。その記録を見たことはありませんが、それが実在するという話だけは、聞いていました。

私たちが前に興味を引かれ、見たことのある記録は、この写本に過ぎなかったのです。これらの記録の両方が、この古代都市の年代を2000年前としています。

その住民は、高度の文明を花咲かせ、美術工芸を知っていて、金属の加工もできたし、金など彼らにとっては、ひどくありふれたもので、コップや馬の蹄鉄《ていてつ》にも金を使ったそうです。

また、彼らは彼ら自身の天与の力は勿論、あらゆる自然力まで相当支配したという話でした。事実この伝説（それが伝説というものであるならば）は、ギリシャ神話の伝説に酷似しています。

その版図も、もしその頃の地図が正しければ、アジアの大部分を含み、ヨーロッパに及び、今のフランスとなっている地中海域まで延び、一番高いところで海抜約600フィート（183m）でした。

国土は広大な平原をなし、土地豊穣、人口多く、母なる国の植民地であったと言います。7代も続いた王朝時代の華麗、豪華さは古代エジプトのそれも色褪せるほどであったというので、その遺跡が突き止められて発掘された暁には、極めて貴重な歴史が明らかにされるでしょう。

しかも、この王朝以前でさえ、その繁栄はエジプトを遥かに凌いだということです。その頃の国民は自治制を敷き、戦争はなく、召使もいなければ奴隷もおらず、統治者のことを、はっきり「指導原理（Directive Principle）」と呼んでこれを愛し、これに服従していました。

この記録によると、第一王朝の初代の王は、「指導原理者」から、統治権を略奪して勝手に即位し、統治者になったそうです。

時は速やかに過ぎ去って行きました。

私たちの時間は、前述の探検隊と合流するための準備に忙殺されました。かねてから決めておいた合流地点で約束通り5月に会うためには、すでに出発していなければならないからです。

合流地点で物資を補給し、最後の行程を目指して探検続行の準備をすることになっていました。出発の日時が迫ってくるにつれ、私の思いや気持ちを記録しておこうとしても、どうしても言葉になりませんでした。滞在中の一刻一刻が歓びに満ち、ひと時といえども味気ない思いをしたことはありませんでした。5か月以上もの間、この人々と共に暮らし、またその家庭でも共に居たのに、時の移り行くのはあまりにも早くわずか数日のこととしか思えません。

しかし、その間に多くの可能な世界が私たちに開かれたのです。それはちょうど、扉がパッと開かれたようなもので、皆が無限の可能性を実感しました。

とはいうものの、ちょうどすでに兄弟としか思えなくなった、この立派な人々の元を去るのをためらったように、私たちは、この新しき世界の扉を通り抜けるのをためらったのです。

「運命は自ら招く」――このことを悟らなければならない

あの美しい4月の朝、私たちが体験したように、男女を問わず、人間誰しも一生の内には、扉が開け放たれているのに気づき、自分自身の可能性を見通すことができる時期があると、私は信じています。

もし私たちが、大胆にもその扉に歩み進んでこれを通り抜けてしまえば、万事は我が物となるのですが、私たちは躊躇《ちゅうちょ》したのです。なぜでしょうか。

その答えは、確信の欠如、つまり因習に引き戻され、扉は閉ざされる、という羽目になったのです。

それなのに、「運命の手が閉ざした」などと、ぼやいたりするのです。しかし、**自ら招くもの以外に運命などというものは存在しないのであって、それを悟るようにならなければなりません。**

それはそれとして、親切、素朴、それでいて偉大な方々がここにいらっしゃったのです。その中の何名かは数世代もの間、それどころか、常にその扉を突き抜けて生きてきており、しかもそのような生き方が、その人々にとっては、現実に合う生き方なのです。

ここには先例や因習というものはなく、ただ、純粋、正直な生き方があるのみで、それが実にこの地上で美しく営まれているのです。

過去数か月で私たちが非常に愛着を感じるようになった、この愛すべき親切な魂の持主たちと別れるのは、忍び難いものでしたが、別の用事が私たちを待っていましたし、私たちとしても、その仕事に多大な期待をかけていたので、あの美しい4月の朝、知人たちが再来を心から勧めてくれる中、私たちもまた心を込めて彼らと握手し、礼を交わして別れを告げたのです。

最後に別れの挨拶を述べ、道中無事の祈願をして、私たちは、北に向かいました。

この先起こるかもしれぬ、大変な困難に満ちた物語の数々が、おぼろげな空想として、私たちの頭をよぎります。

あの大ゴビ砂漠を、今度こそ本当に横断しようというのです。

けれども、私たちは怖気《おじけ》づきませんでした。エミール師とジャスト師が今度も私たちと行を共にし、新しくチャンダー・センがネプロウの代理を務めることになりました。

これまでに多くの土地を訪れて物馴れた私たちにとっては、一団となって小道をゆらりゆらりと歩いて行くのも、一日の仕事の一部分に過ぎませんでした。みんなが嬉々として、目的の地に向かっているのです。

今や、新しい世界が明け始めたことを自覚しているのです。

目的地までの道程が遠いうえに、普通この種の旅行には危険が伴うことは百も承知です。それでも行かずにはいられない、抑えがたい衝動に駆られているのです。

みんながこの偉大なる人々に絶対的な信頼を寄せているため、すべての恐怖、また個人の不便な思いまで払拭し、まるで子供のように一途になって事に当たっていったのです。

私たちは、およそ地球上の辺鄙《へんぴ》な土地には慣れていますが、こんなにも僻地《へきち》でありながら、これほどまでの解放感と気楽さで旅行のできる国は初めてです。

私たちは、この調子なら、どんどん北へ進んで行って、極地でも突破し、征服できそうな気持ちにさえなりました。まだ遠くまで行かないうちに、一人の隊員が言いました。

「僕たちでも、あの方々のような生き方ができれば、こんな所なんか楽なもんだろうなあ。あの方々も僕たちと一緒にテクテク行かなきゃならないんだよね」

強烈なブリザードに襲われたが、テントの中は魔術のように大気が静まり温かかった

すべてが順調に進行していきました――7日目の日が暮れるまでは。

その日の夕方の5時頃、私たちは、下のさらに開けた土地に出るために降りてみた渓谷から、ちょうど出ていくところでした。

その時、馬に乗った集団が遠くにいると、一人の隊員が叫ぶので、双眼鏡で人数を確認してみると、27騎で、完全に武装していました。

このことをジャストに報告すると、おそらくこの辺の土地を徘徊《はいかい》して荒らしまわっている連中の一隊だろうと言います。

では、山賊かと聞くと、家畜の世話をしている風でもないので、多分そうだと思うという返事でした。

私たちは、今までとってきた道を離れて木立に行き、夜営のキャンプを張ることにしました。

キャンプの準備をしているうちに、隊員二人が、近くの河を渡って、向こうの尾根に登って行きました。そこからは、土地が起伏を描いて広がっているのが見渡せるのです。

尾根に着き、立ち止まって双眼鏡を暫く目に当てていたかと思うと、くるりと踵《きびす》を返して、キャンプの方に駆けてきました。やがて、声の届く範囲まで来ると、「騎馬の連中は、あと3マイル（5㎞）程度のところまで迫っているぞ。こっちのキャンプに向かって馬を進めている」と叫びました。

その時、今度は誰かが、「嵐が来そうだ」と言いました。

見ると、北西の方角に濃い雲が固まってきており、四方から霧が舞い込んできました。

騎馬の一隊はと見ると、迫りくる嵐を突っ切って、波立つ斜面をまっすぐ私たちのキャンプに向かって進んでいます。

こちらには、32人がいるにはいますが、武器と名のつくものは、何一つ携行していません。

その瞬間、突然嵐が襲い掛かり、ブリザードとなって激しく猛り狂いました。

暫くは、風がピューピュー叩きつけて吠え狂い、70マイル（113km）もの怒りの疾風となって私たちの周囲に雪片を投げつけ、木の小枝が飛び散りました。

それは、キャンプを移動して避難しなければならないと思ったほどでした。ところが、なんと、私たちのいるところだけが静まりかえってしまったのです。それで、一時はこの国によくあるスコールに過ぎず、間もなく止むだろうと思いました。

風は吹き荒れても、物を整理するだけのほの暗い光は残っていたので、嵐のことも、今しがたまで私たちを不安に陥れた馬賊らしい人たちのことも、いつのまにか頭から離れてしまいました。

ちょっと仕事の手を休めて息抜きしていると、隊長がテントの出口に行って、いったん外を覗いてみてから戻ってきました。

「嵐は少し先の方で荒れているようだが、こっちは風一つ吹いていない。まあ、ちょっと見てみなさい。周囲のテントや樹はほとんど動いていないし、空気だって温かくて芳しいくらいだ」

それを確かめるために、五、六名が外に出てみました。

一同は事の意外さに、ただ不思議だと立ち尽くすのみでした。

テントにいる間、嵐の音は半ばしか意識せず、嵐が先の方へ進んで、今晩は多分渓谷の上だろうくらいに思っていました。というのは、この国の嵐には、サイクロンのようにいきなりやって来て、数マイルも駆け狂ってからようやく怒りが収まり、一過の後は、死のように静まり返る場合がよくあるからです。

しかし、今回はそうではありませんでした。こちらに向かって全速力で猛り狂いながら、私たちのいるところだけ大気が静まり返り、温かいのです。それなのに、その先では、骨の髄まで突き通すほどの厳しい寒さで、そのうえ風は矢鱈《やたら》に荒れ狂い、針のような雪片を吹き散らし、ほとんど息もできないほどなのです。

突然、魔術にでもかかったかのように、周囲がパッと明るくなりました。

狐につままれたような気持ちで立っていると、今なお嵐の吹きすさんでいる彼方に人の叫び声がするようでした。

しかし、夕食の合図があったので、そのままにしてテントの中に入り、座って食事をしているうちに、私たちが斜面を降りるときに見かけた例の騎馬の一行のことが気になりました。

「外にいるとき、叫び声が聞こえた気がしたんだけどなあ。彼らがもしあのブリザードの中で迷っているとすれば、なんとか連中を助けてやれないものだろうか」

これは、別の隊員の言葉です。

ジャストの話では、この連中は近在を押し入って歩く、最も悪名高い山賊たちで、村々を略奪し、ヒツジやヤギの群れを追い散らすことしかしないというのです。

やがて食事も済み、嵐が小止みになると、人の叫び声と馬の嘶《いなな》きが聞こえました。馬の方は、今にも暴れ出しそうな鳴き方です。どうやら距離は近いように思えましたが、風に飛び交う厚い雪のために、酷く暗く、夜営の火影一つ見えませんでした。

馬賊たちをテントに避難させる

そのうちエミール師が立ちあがり、馬賊の一行を私たちのキャンプに連れてきたいと言いました。

外の寒さは、ますます厳しくなっているので、彼らに充分な支度がない限り、この嵐の中を、明朝まで生き延びることは、不可能でしょう。

エミール師が出て行く支度をしていると、二人の隊員が随行を許可して欲しいと申し出たので、師は喜んでいるようでした。申し出が受け入れられ、三人は嵐の中に消えていきました。


約20分も経過したかと思う頃、再び姿を現しましたが、今度はその後ろに20人の馬賊が、馬を引いてついてきました。馬賊たちの話では、仲間の7人がはぐれましたが、多分嵐の中でいなくなったのだろうということでした。

私たちのグループに寄って来た連中は、半ば野性的な顔つきをした、一癖も二癖もある連中でした。彼らは、テントの中の光の輪に入った途端、自分たちを捕まえる策略があるのではないかと疑い、警戒の色が現れたので、エミール師は、いつでも自由に出て行っていいし、私たちを襲うとしても、当方には何一つ防衛手段はないと言いました。

実は、嵐の来る前、渓谷から私たちが出てくるのを見て、襲い掛かるつもりだったと、頭目は白状しました。嵐が来てからは、さすがの連中も当惑し、道に迷い、自分たちのキャンプの場所まで判らなくなってしまったのです。エミール師と同僚の隊員二人が彼らを見つけたときは、２００ｍくらい川下で崖の傍で蹲《うずくま》っていたそうです。

頭目は、もし自分たちがこのテントから追い出されたが最後お陀仏だというので、そんなことは決してしないと、エミール師は請け合いました。

馬賊たちは、一晩そのままにしておけるよう馬を木にしっかり繋ぐと、自分たちだけ固まって座り、鞍の袋から持ってきてあった山羊肉のジャーキーとヤク・バターを食べ始めました。

そうしている間も、武器は手前に置き、かすかな音にも、ビクッとしては聞き耳を立てるのでした。

それでも、手足は自由に動かして話をしています。ジャストの話では、彼らには、私たちの装備や光が驚異の的で、なぜここでは嵐も吹かず、気温も高いのか、馬もこんなに満足しているのか、不思議でならないそうでした。

さきからほとんど一人で口を利いていた山賊は、かつてこの大師たちのことを聞いたことがあったので、仲間たちに、「この人たちは神様のような方々で、俺たちをやっつけようと思えば、あっという間に殺せるんだぜ」と言いました。

ジャストの話では、彼らの中には、これは自分たちを捕まえようという企みだから、私たちの持ち物を分捕って行こうと、他の仲間に誘いをかける者がいるのですが、この男性一人が、「この方々が、そんなことするものか」と、頑張ったそうです。この男は、「もしも、この方々に害でも及ぼそうものなら、みんな殺られてしまうぞ」とも言ったそうです。

こんな風な話し合いがかなり続いた後で、山賊の仲間のうち8人が立ち上がって私たちの所にやって来ると、ここにいたくない、何となく怖くてたまらないから、5〜6マイル(8〜10㎞)先の川下にある自分たちのテントを探して帰る、とジャストに申し出ました。

彼らには、私たちがテントを張ってある木立を見て、自分たちの今の居所が判るそうです。やがて彼らは馬に乗り、川下へと下って行きました。

ところが、ものの20分も経つと、彼らはまた揃って舞い戻り、馬もこの嵐に向かって歩けないし、こんなひどい嵐は長年遭ったこともないと、ぼやきました。それから初めて、彼らは寛ぎだしたのです。「怖いと言ったところで、外の嵐の中よりは、こっちの方が、彼らには、ずっと居心地がいいだろう」というのは、一人の隊員のコメントです。

神の家を我が家として住まう者には、嵐も風も波もこれを害することなし

ここで、ジャストが私たちに向かって話し出しました。

「あなた方が今いる所が、神の家です。みなさんが、もしこの家の中に在って住むならば、あなた方は父なる神の歓びの御霊の中にあるのです。普通の家に、たとえ温かく楽しい雰囲気があっても、あなた方がその家族でなければ、あるいは、その雰囲気を知らなければ、せっかくのその雰囲気も、なんの役に立つでしょう。そのような人を招待したところで、家の中に入ろうとしないものです。それは、あなた方が住んでいるところが、どんなものか知らないからです。

ここにいる愛する人々も、温かい雰囲気を感じはしますが、ある程度以上それに近づこうとしません。それは、彼らがいつも兄弟を餌食にしてきたので、当然餌食としかみなさなかった人間たちが、特に理由もないのに、また同じ仲間でもないのに、自分たちに優しくするのが、理解できないのです。

雪や寒さ、あるいは最悪の激しい嵐の中にも父なる神はましますこと、その父なる神の

家を我が家として住む者は、嵐も颪も波も、これを害することができないことを知らないのです。颪や嵐や波が襲いかかるのは、神から離れたときだけなのです。

人がただ神のみを知り、神のみを見つめて、不動の信念をもって毅然として立つとき初めて神は、人間の観じるものを実現し給うのです。ゆえに、『父なる神よ。貴神の他に何も知らず、おお父なる神よ。貴神を見つめて、私は確固として立つ。私は万物の中に、あなたの他には、何も見ない。貴神の愛と、生命と、智恵以外は、何も知らず、聖なる山の中に、私は、しっかりと立つ。

貴神の聖霊は常に私に満ち溢れ、常に私を取り巻き、私の内にも外にも豊かに育む。それは、私だけでもなく、貴神の子たちすべてがそうであることを、父なる神よ、私は知る。私には神の子たちにある者のみがあり、万物にとっても、神の他何ものもなきことを、父なる神よ、私は知る。我、貴神に感謝する』——これが、私たちの思想です。

嵐の中心にさえも、真の平和は見出されます。

しかし、神我を見出した人のハートの奥深くにこそ、真の静謐はあるのです。

その反対に、たとえ人里遠く離れた荒野の中に、自然の深い沈黙と薄明に包まれて独居しようと、激情の嵐に引き裂かれ、恐怖の雷におののくこともあります。

殺戮本能を有する動物は、姿を消しつつあるという事実

一見すると、残忍、食欲、奸智《かんち》に長《た》け、弱い動物の血を流す動物たちの方に、自然は比較にならない優位を与えているように思われますが、めったに気づく人がいない次の事実を思慮してごらんなさい。

世界の子羊の数は、ライオンの数よりも多い。これは偶然ではないのです。

自然は、一方的な誤謬《ごびゅう》を犯すものではありません。**自然とは、働いている神の意のままです**。神はその構築に、資材の浪費もしなければ、過ちを犯すこともありません。

自然の初めの諸々の力の坩堝《るつぼ》の中で、人間が歴史に登場する前に、ライオンが子羊を食べ尽くしてしまわなかったのが、不思議だと思いませんか？　子羊たちは、生存競争で、文字通り、ライオンを打ち負かしてしまったのです。なにも人間がライオンを向こうに回して、子羊に味方したわけではありません。

人類の殺戮《さつりく》史は、真っ先に大人しい動物から屠《ほふ》ることによって始まったことはまず間違いありません。人間は、確かにライオンよりも子羊の方を、多く屠っています。ライオン

の種族の衰滅を宣告するのは、人間ではなく、自然なのです。

同一の動物に対して、相反する方向に働く特別な力を自然が与えるはずのないことは、ちょっと考えてみれば判ることです。ライオンは、闘争力が偉大である一方、繁殖力は低い。ライオンの見事な体軀の中にある力は、すべて闘うために向けられています。子供を持つことは、ライオンにとっては有害なので、ライオンの生活には、付随的なものになります。

これに反して羊は闘争的動物ではありません。従って弱い。羊は闘うことにエネルギーを消費しないから、繁殖に巧みです。自然はライオンを造りだした過ちを認めています。そのためにその過ちを正しているのです。ライオンやその他、殺戮本能を有する動物は、すべて姿を消しつつあるではありませんか。

闘うものは常に負ける／自然不滅の法則は、他を貪り食う者へ絶滅を宣言している

他を貪り食うものすべてに対して、自然の不滅の法則は、絶滅を宣告しています。

この法則には、例外がありません。

自然は、永遠の公平という原則に従って統《す》べるのです。まさに**宇宙の法則により、闘うものは、常に負けるのであり、今日までそうであったし、今後も常にそうです。それが森の中に住む動物であろうと、都市の中に住む動物的人間であろうと、現在そうであり、永遠にそうあり続けます。**

ライオンは負ける。勝ったときに負けている。殺したときに死んでいる。羊の群れから切り離した生温かい羊の肉をライオンが裂くとき、当然彼は、同族を食っているのです。地上に現れた最初のライオンが、その強力な爪で獲物を撃ち、血まみれの口で喜び吠えているとき、今貪《むさぼ》りつつある生贄《いけにえ》の死を歌っているのではなく、実は彼自身の同族たちの葬送歌を歌っているのです。

凶暴なものには、合同はなかなかできないものです。だからライオンは群棲しませんし、しかも群れを成して歩きませんし、野蛮な人間もまた、小さなグループを作って争っています。人獣を問わず、獰猛《どうもう》なものは、同族に歯向います。そして、それが、連中の弱点となるのです。

どんなに偉大な軍人でも、本当に征服し尽くした者は未だかつて一人もいません。彼の勝利なるものもみな、幻想です。軍人の築きあげた帝国も、刀以上の本質的なものによるのでない限り、速やかに崩れ去ってしまうのです。結局軍人は刃を斥《しりぞ》け、正義と理性に訴えなければならないのです。そうでない限り、彼らの帝国は崩壊します。

獣か人かを問わず、すべて肉食動物は孤独であり、望みなく、救いなく、どうしようもない宿命の下にあります。柔和こそが、すべてを征服するものです。

人を生かすも殺すも、本人次第です。想念という造兵廠《ぞうへいしょう》で、自らを滅ぼす武器も造れば、歓喜と力と平和に溢れる天上の邸宅を建てる道具も造ります。

想念を正しく選択して適用すれば、人は神の完全さにまで上昇します。

想念の間違った使い方をすれば、動物以下のレベルにまで墜ちます。

この両極の間には、さまざまな色合いの性格があります。人間こそ自分自身の創造者なのです。

かつて科学や芸術を知り、生命の根源を崇拝していた馬賊たちの先祖が、後にヨーロッパの大きな種族になった

この馬賊たちは、かつては繁栄した偉大な種族の末裔で、その先祖は、この国が美しく栄え、勤勉な帝国を成していた頃、科学や芸術を知り、自分たちの生命の根源と力を知り、それのみを崇拝していました。ところが、やがて肉体の快楽を求めるようになり、そのうちに肉体も衰え、国中が天変地異に見舞われて荒廃に帰し、高地だけに僅かの人々が散在して生き残るだけになりました。やがてそれが社会集団となり、後にヨーロッパの大きな種族になったのです。

今私たちのいる地域とゴビ砂漠が切り離され、全体が隆起して、しまいには不毛の地になり、人間もほとんど滅亡して、僅かに孤立した集落があるだけで、時には1、2家族を残すのみとなったのです。これが集って山賊となり、後にこの人たちの祖先となりました。

しかし、彼らは繁栄できません。なぜなら、常に互いに闘争しているからです。その歴

史と発祥は忘れ去られましたが、その宗教と伝説を遡れば、一つの本源に到達します。あなた方がこの種の馬賊をどこで見かけようと、外見はひどく異なっていても、基本的なところでは、似ている点がいくつかあることが判るでしょう」

ここでジャストは、馬賊たちがぐっすり寝入ってしまっているのを見て、長話で私たちまで疲れさせたのではないかと訊ねました。

そう言われて馬賊たちの方を見ると、確かにみんな寝入っていました。私たちは勿論、馬賊たちもすっかり嵐のことを忘れていましたが、実は、嵐はまだ静まっていなかったのです。私たちは、この偉大なる先達に再び感謝しながら、テントの中に入り、眠りに就きました。

翌朝目が覚めると、太陽が輝き、テント全体がざわめいていました。

急いで衣服をつけ外に出ると、隊員や馬賊たちが、私たちを待っていました。私たち一行が馬賊のキャンプまで一緒に行くことになっているのを知らされたのは、朝食の時でした。みんな一緒になった方が、道を切り開くのに好都合だからです。

馬賊は、これから先のことを面白がっているようでしたが、私たちの方は、そうとは言いかねました。なにしろ、馬賊たちのキャンプ地には、約150人もの仲間がいるという話だったからです。

朝食を済ませる頃までには、嵐の名残もすっかり収まっていたので、テントをたたみ、馬賊や馬を従えて道をつけることにし、残りの隊員は、テントと諸道具を持って後から追ってくることにしました。

馬賊たちのキャンプは川下の20マイル（32㎞）に満たない先でしたが、私たちがそこに着いたのは、正午過ぎで、その時の小休止はひどく嬉しいものでした。

テントは一行全体を楽に収容でき、大変居心地が良かったのです。ところが、すでに前から新雪が降っていて、その翌日は13779フィート（約4200m）の高地の尾根を越えなければならなかったので、新雪が降り止むまで、一両日待った方が、却って前進がはかどるに違いないと、昼食後の話し合いで決定しました。

けれども、天気は予測通りには暖かくならなかったので、滞在が4日延びてしまいました。キャンプ中が最上の尊敬をもって私たちをもてなし、私たちの逗留を慰めようと、全力を尽くしてくれました。

5日目に、私たちが出発しはじめると、キャンプ内のある一行に加えてくれと頼んできました。約70マイル（113㎞）先の次の大きな村で、助手を数名雇うことになっていたので、喜んで申し出を受け入れることにしました。この二人は、その年の秋、キャンプに帰るまでずっと私たちと行動を共にしました。

いよいよこの村を出発するときになって、キャンプ内の約半分が高い尾根までついて来てくれ、深い雪の中に道をつけるのを手伝ってくれました。

この登りが非常に難儀であっただけに、彼らの親切な努力は、大変ありがたいものでした。友達になった馬賊一行に尾根で別れを告げ、私たちは、約束の場所に向かって歩みを進めました。目的地に到着したのは、前年の秋、約束を交わした相手側の到着に遅れること3日目の、5月28日でした。

第10章

パンの奇跡／内在のイエスの力と一つになるということ

ウイグルの古代都市、最古最大で宝物の豊かな大都市が出現した

1週間休養して隊を再編成してから、合同探検隊は、ウイグルの古代都市に向かって出発し、6月30日に到着し、直ちに仕事に取り掛かりました。

最初の坑を15mの深さまで掘り下げると、古代の建物にぶつかりました。27mをちょっと超えたところまで掘り下げていくと、そこは大きな部屋でした。そこには見事に細工された金銀青銅、さらに粘土の像がありました。仕事がある程度進捗すると、ここが嘗《かつ》ては巨大な都市であったことが、一点の疑いもなく、立証されました。

そのあと、私たちは2番目の場所に進みました。およそ12mも掘り下げると、古代文明があったことを決定的に証拠付けるものにぶつかりました。いくつもの作業を進めているうちに、私たちが古代の大都市の廃墟の中にいることが、明確になりました。

次に、3番目の場所に移動しました。

そこには三つの古代都市の中でも一番古く、一番大きいことを証明する出土品があるはずでした。

時間と金の節約のため、私たちは、メンバーを四つの部隊に編成し、そのうちの三つの各部隊には、それぞれリーダー一名、助手六名をつけることにして、1部隊に約七名つけることにしました。発掘とその管理の仕事を割り当て、各部隊の作業時間を1日8時間と決めました。

その他の残りの職員を第4部隊として、テントの仕事を割り当てました。私たちの方は、夜の12時から翌朝8時まで、8時間労働の割り当てとなりました。

まず最初の坑を発見し、地下室のうち四つまで掘り当て、大量のがれき類を片づけると、前述の最大都市の中でも、間違いなく最古最大、しかも宝物の豊かな都市が出現したのです。

ところが、ある朝隊長の部隊と交替した部隊から、馬に乗って、北から私たちのキャンプに近づいてくる人たちがいるという報告がありました。

地表に出てみると、確かにこちらに向かってくる軍団があります。どうやら私たちの足跡をつけて来たらしく、前の馬賊とは別の一団のようです。じっと立ったままで見ていると、ジャストがやって来て、「彼らは、このキャンプを略奪するつもりでやって来た馬賊です。しかしなにも恐れる必要はありません」と言いました。

近づいてくるのを待っていると、私たちから500mぐらい先まで来て止まりました。

暫くしてから二人の男が馬ままやって来て挨拶を交わすと、ここで何をしているのかと、私たちに質問するので、都市の廃墟を探していると答えると、そんなことは信じられない、と答えました。

実は彼らは、私たちが黄金探しでもしていると思い、当方の持ち物をごっそり奪い取るつもりでやって来たのです。

「君たちは、政府の軍隊か」と聞くと、「政府などという存在を認めるものか、ここでは一番強い者が政府だ」と言います。私たちが、武器らしいものを何一つ持っていないのを見て、どうやらもっと大きな部隊がどこかにいるに違いないと思ったらしく、仲間の所に相談しに引き返していきました。

騎馬の人形が動き出し、馬賊が大混乱する

間もなくまた二人がやって来て、私たちが大人しく降参すれば害は加えないが、降参しなければ襲撃し、抵抗する者はことごとく撃ち殺す、返答までに10分間の猶予を与えるが、

10分経った時点で、交渉も予告もなしに、襲撃するぞ、と言いました。

それに対し、ジャストがこちらは抵抗もしなければ、降参もしないと言い放ったものだから、相手の怒りを買ったらしく、彼は馬首をくるりと返すと、鉄砲を振りながら、仲間のところへ駆け戻って行きました。やがて、馬賊全体が、全速力で襲ってきました。

正直なところ、私は非常に怖かった。ところが、不思議なことに、ほとんどその瞬間、忽然と馬に乗った幻のような影が数多く現れ、全速力で私たちの周囲を駆け回るのです。そして、その幻のような影は次第に生命感を増していき、しかもその数が増えていくのです。

私たちの訪問客にもそれが見えたらしく、手綱を引き締めて馬を急停止させたのか、それともその前に馬自身が驚いて後ずさりしたのか、よくは判りませんが、いずれにしろ、馬が後ずさりして飛び上がると、もう騎手の言うことを聞かなくなってしまいました。

たちまちのうちに、約75名もの馬賊一隊に手の付けられない大混乱が起こりました。

馬は左右に跳ね回って馭者《ぎょしゃ》の統御が完全に利かなくなり、結局のところ、我先にと逃げ出し、すぐにその後を追って、私たちの幽霊騎士が進撃していきました。

やがて、興奮が収まってから、隊長と私ともう一人の隊員が馬賊の本隊がいた場所に行ってみたところ、盗賊の足跡があるのみで、他には何も残っていませんでした。

あの時援助に現れた人馬は、あの馬賊たち同様に、生きた本物で、四方八方からやって来たと思ったのに、これにはまったく不思議でなりませんでした。馬賊の馬と一緒にこの人馬の足跡も砂に残っていると思ったからです。

私たちが帰ると、ジャストが次のような話をしました。

「あなた方の言う、所謂《いわゆる》幽霊人馬は、実はただの人形なのですが、本物に見せかけたので、馬賊たちやあなた方の肉眼に、そのように映っただけです。それは手っ取り早く言えば、他のある事件の写し絵であって、私たちが活き活きと投影したため、本物の出来事と見分けがつかなかったのです。他の人たちを守るためにも、私たちを守るためにも、私たちは、それを映写することができるのです。お蔭で抵抗せずに済んだわけです。はっきり善と判る目的に奉仕する限り、その結果が有害に終わるということはありません。

馬賊たちの心には、ある疑惑がありました。彼らから見れば、こんな探検隊が、なんの保護もない限り、こんな奥地まで敢えて乗り込んでくるはずがないという疑惑です。彼らのこの心理を利用したために、驚かすことに成功したのです。彼らは、もともと非常に迷信深く、そのうえいつもペテンにひっかかるまいと警戒しています。こういうタイプの連中は、一番恐怖に敏感なので、結局自分が予期していた通りのものを見たのです。

もしこの方法をとらなかったら、彼らを大人しくさせて、私たちの元を去らせるには、きっと彼らの五、六人でも殺さなければならない羽目になったはずです。それを回避できたので、もう彼らの噂を聞くことはないでしょう」

事実私たちは、その後二度と彼らから邪魔されることはありませんでした。

三つの古代都市の実在を確証する仕事を済ませると、これまでの坑は全部塞いでおくように勧められました。というのは、近辺を徘徊する馬賊に発掘を気づかれると、宝物だけを狙ってごっそり略奪される羽目になるからです。

ほとんどの馬賊仲間の間にも、このような大きな古代都市の遺跡があって、そこには多くの黄金が隠されているという言い伝えがあります。それで私たちは、発掘作業を済ますごとに、できるだけ跡形が残らないように、一つ一つ坑を埋めていきました。幾らか残ったとしても、私たちの移動した後に最初にやって来る嵐で吹き消されるはずです。この土地では、砂が終始移動しているため、それだけでも、こういう遺跡の在処を突き止めるのは、極めて困難です。従って、大師たちの助力がなければ、その在処一つでも、見つけだことは不可能だったでしょう。こうした遺跡は、はるか南シベリアまで延びているそうです。

嘗《かつ》てこの土地には、膨大な人口を擁する種族が繁栄し、高度の文明に達していたことには、間違いのない確証があります。

この種族は、農業、採鉱、織物、それらの関連産業、読み書き、その他すべての学問を知っていた証拠がいくらでもあります。その歴史がアーリア種族のそれであることは、非常にハッキリしています。

この土地での滞在も今日までという最後の日の午後、テーブルを前にして座っていると、一人の隊員がエミール師に、この偉大な種族の歴史を探って文字に残すことができるかどうかを質問しました。

それは可能であって、すでに私たちがテントを張ってある土地の下には、その絶対的な証拠が記録されている文書が埋もれていて、それを発見して翻訳すれば、この種族を中心とする歴史が即座に判るという返答でした。

エミール師の母君や息子と娘たちの14名がいきなり現れる

ところが、ここで会話が中断されることが起こりました。

一人の男性がテントに現れて、中に入って良いか聞いたのです。

すると、エミール師とジャストとチャンダー・センが三人とも立ち上がり、彼に会おうと急いで入り口まで行きました。

お互いへの挨拶の仕方で、この四人が非常に親しいことが判ります。

私たちの隊長も立ち上がってそこへ行きましたが、入り口の所で一瞬立ち止まり、驚いて眼を見開いてたかと思うと、両手を差し出しながら、ドアを急いで出て、「やあ、やあ、これはまた実に驚きですね」と言うのです。

外にいた男女たちが、エミール師、ジャスト師、チャンダー・セン、隊長と、挨拶を交わし始めたので、いろいろな声が入り混じってひときわ賑やかになりました。それを見て、テーブルの前に座っていた一同も立ち上がってぞろぞろと固まって外に出てみると、14名の来訪者がいました。

その中に、エミール師の母君、私たちが過ごす冬中の宿営地とした村の出身で、私たちの接待を務めてくれた女性と、エミール家で宴会に出席した折に主宰をした美しい女性、それにエミール師の息子と娘が混じっていました。

そういうわけで、みんな楽しい人々であり、嘗ての日の集いの思い出が呼び覚まされるのでした。

それにしても、この意外な出来事に、私たちは、まったく驚いてしまいました。

実際また、この驚きを隠しもしませんでしたが、一番驚いたのは、私たちに同行した一隊でした。この一隊の好奇心が、とめどもなく高まっていくのが、その様子で判りました。

何しろ彼らは、私たちほどには、この人たちが、いきなり現れたり消えたりするのを見た経験がありません。そういう話は、仕事に紛れて探検中も断片的にしかしていなかったので、この場合、事実上、青天の霹靂《へきれき》だったため、完全に度肝《どぎも》を抜かれたようでした。その様子がまた、私たちにはとても愉快でした。

「これだけの人数を一体どうやって賄《まかな》ったらいいのだろう。荷物はまだ来ないし、引き揚げの準備も済んだので、食糧にしたって、今夜の夕食と明日の朝食も間に合わない有様なんだ」

三人の隊員は、話しているうちに互いに集まっていました。合同探検隊の隊長が、話の一部を漏れ聞いて、歩み寄って話に加わりました。その時、合同探検隊の隊長が、「この人たちは、天という名の下に、どこからやって来たのでしょう？」と訊ねるのが、私の耳に入ってきました。

私たちの隊長は、微笑みを湛《たた》えて彼を見ながら言いました。「レイ君、うまいこと言い当てたね。あの人たちは、他の場所を通らず、まさに天から直接やって来たんだよ。ほら見てごらん。何一つ乗り物だってないだろう」

「そこだよ。そこが一番判らないんだ。特に羽が生えているようでもないしね。第一、羽がないんだから、天から降りてきて、地面に着陸したとしても、ドサッという音がするはずだ。なにしろあれだけの人数だからね。しかし、何の音もしなかったじゃないか。だから、どうもこの場合、君の言うことが正解で、辻褄《つじつま》が合うということにするよ」とレイは答えました。

ここでエミール師が私たち一行に向かって、世話役の心配を軽くするために、訪問客の方々に、自分用の食糧を持参してきたかどうか確かめなければならない、と言ったものだから、酷く当惑したのは世話役で、何もそう露骨に言うつもりではなかったが、皆に行き渡るだけの食物がないことは間違いありません、と弁解すると、来客たちは、予期せぬことに、朗らかな調子で笑いました。

世話役は、いよいよ戸惑った様子でした。

そこでエミール師の母君が、「何も困る必要はないし不便を忍ぶ必要もないんですよ」と言ってくれました。私たちの女将と美婦人が、私たちと食事を共にすることはよく判っているのだから、みなの夕食は、責任をもって、喜んで準備しますと一緒に言ったので、世話役はホッとしてこの申し出を受けたのです。

大きな一塊のパンが虚空より現れ、一向に減らない奇跡

太陽はもう大分傾いていました。

ちょうど、この時分のゴビ砂漠は、今穏やかな天気が地上で戯れているかと思うと、次の瞬間には、容赦なき憤怒の地獄と化してしまう時節です。

その日もそのような一日でした。キャンプのすぐ外の砂の上に、ありったけの布を集めて敷きました。この風景は、傍目には、楽しいピクニックの一隊とも映ったでしょう。一応その通りではありましたが、キャンバスを敷き終わると、キャンプ用の煮炊き用鍋とお櫃《ひつ》兼用の容器が中味の入ったまま出されて、キャンバスの上に置かれ、全員その周囲に集いました。

あとから私たちの部隊に合同してきた一行の顔に現れた仰天の様子は、今なお私たちの目に焼き付いています。リーダーのレイは、この容器群をじっと見据えて、「これだけの容器の中の分量をしっかと見ている自分の目に狂いはなく、また、これだけの分量を増やしてこの腹ぺこの群衆にお腹いっぱい食べさせることができるというなら両目をカッと見開いて、そのような奇跡が起こるかどうか見届けてやる」と息巻いています。

誰かが、「思い切り目を開けておいた方がいいですよ。これから奇跡が起こるんですからね」と、合いの手を入れました。

私たちの隊長は、「レイ、今日はこれで二度も君は言い当てたよ」と応酬します。

その時、三人のご婦人が容器から給仕をし始めました。よそうたびに、その都度次々と回され、食べ終わった空の皿を受け取ってはまたいっぱい盛り、こうして結局一同は、たらふくご馳走になったのです。

食事が進むにつれ、レイがますます平静を失っていくのが判りました。彼の分が回ってくると、僕は少しでいいのだからと言って、そのまま次の人に回してしまいました。それを見た女将は、「みなにたくさん食べていただく分が出てくるのだから、ご心配なさらなくていいんですよ」と請け合います。

みんなに盛りだくさん行き渡ると、彼はまた容器の中を見ました。

ところが、少しも減っていないのに気づくと、彼は突然立ち上がって、「大変不躾《ぶしつけ》ではありますが、あんまり珍しくて好奇心が止めどなく高まってしまい、食事が一向に進みませんので、三人のご婦人のお傍に座らせてくださいませんか」と申し出ました。「傍に座ってくだされば、却って嬉しいと思います」と婦人方が承諾したので、彼は寄って来て、布の端、エミールの母君と美婦人の間に座りました。

その時、誰かがパンを求めました。しかし、そこには、給仕盆代わりの箱蓋の上にパンが一切れ残っているだけでした。

美婦人が突然両手を差し出すと、ほとんどその瞬間に、大きな一塊のパンが両手の中に現れました。それを女将に渡すと、彼女は、みなに分けるためにカットしました。

それを見たレイがまた立ち上がり、「失礼ですがそのパンをそのままで見せていただけないか」と頼みました。そこで、塊のままパンが回されてきたので、暫く探るように調べ回してから返しました。

彼は、非常に興奮しています。数歩離れたかと思うと、また戻って来てその婦人に話しかけました。

「どうも、不作法とは思われたくないんですが、頭の中が混乱してしまったので、質問をするまいと思っても、せずにはいられなくなりました」

彼女は一礼して、「どうぞ何なりとご自由にお訊ねください」と答えました。

「あなたはすべての既知の法則、少なくとも私たちの知っている法則をこともなげに払いのけて、何かしら目に見えない不可視の給源からパンを取り出せるとおっしゃるのですか」

「私たちには、不可視の給源というものはありません。いつでも見えているんですよ」

すると驚いたことに、女将がパンを切り分けて渡しても、パンの塊は、一向に減りませんでした。

人間の困難は、内なる声に耳を傾けず、これを斥けたことに始まる

レイが、少し落ち着きを取り戻して着席すると、婦人は話を続けました。

「イエスの悲劇の生涯は磔刑と共に終わり、キリストの生涯の歓びが復活と共に始まったこと、すべての人々の生涯の行先は磔刑ではなくて蘇りであることを、あなたがお判りにさえなれたら、と思います。

こういう風にして、すべてイエスに従って、内在のキリストの豊かな生命に至るのです。

この『大いなる力』、この『内在のキリストの力』と一つになること以上に、悦ばしい豊かな生命を考えることができるでしょうか？　人はすべての形あるもの、思い、言葉や状況を支配するために創られたのであることを、ここで私たちは知ることができます。この生命を生きたとき、求めるものはすべて満たされ、そこで初めてこの生き方こそが、間違いのない、科学的な生き方であることが判るのです。

イエスは、あの若者が持っていた、5、6斤のパンと僅かばかりの魚を増やして、群衆に豊かに食べさせることができたのです。法則が満たされることによって増えて出てくる

これらの食物を、期待しつつ受け取る心構えをし、きちんと座っているようにと、イエスが群衆にお命じになったことはご存じのはずです。もしあなた方が、イエスの生涯に歓びと満足を見るというのであれば、イエスの理想に合うように行動して、イエスの生命の法則を満たさねばならないのです。ただ突っ立ったまま、一体どうすれば食物が得られるのだろうかなどと、思い煩う愚《ぐ》を犯してはなりません。

もしイエスが、その方法をとったなら、群衆は決して満足することはなかったでしょう。ところがイエスは、今持てるものを静かに祝福し、感謝し、そうして食べ物は豊かに増え、すべての人々の欲求を満たしたのです。**人間にとって、生きていくことが困難になったのは、内なる声に耳を傾けず、むしろ、これを退けるようになってからです。人が再び良心に立ち返り、内なる声に耳を傾けるようになったとき、人は生活の手段として労働することをやめ、創造の歓びを味わうために働くようになるでしょう。**

その人は、創造の歓びに入り、主の法則すなわち神の言葉の下に創造するでしょう。神の言葉を通し、人は神の全き愛、全包容的物質に働きかけ、彼の包蔵する理念を具現化できるようになるでしょう。

イエスが至聖所に昇り、この世の制約された観念に対して、内在のキリストの優越を証明したのも、このようにして、一歩一歩進んでいったからです。これが判ると、もはや神の道を歩むことが、その人の全存在の悦ばしき本質になります。

イエスは、本当の霊的生活が唯一の歓びの生活であることを実証したのです。イエスは、その勝利の故に、権威と栄光を纏《まと》う者になりました。同時にまた、その勝利によって、彼は子供のように自由になったのです。世界はまだ、真の希求に目覚めていませんが、実はこの歓びと大いなる祝福という希求をこそ、求めているのです。

己だけの利益のために求めると、却ってこれを失う、という法則に気づかずして、人は利己的な追求に満足を求めるかもしれませんが、失うことによって、個我の崩壊が霊の高揚の徴《しるし》であることに気づくのです。

人間は、極度の困難に遭遇したときが、神の機会であることを悟ります。人は、神のあらゆる善きもの、完全なる賜物を受け取る資格のあることを知らなければなりません。

あなた方の実相である神についての智恵を通じて、これらの賜物を受け取る準備をしなければなりません。もしも、あなた方が心の中で、自分を神から切り離してしまえば、神の現れからも切り離されてしまうでしょう。人生の歓びを充分に享受するためには、生命と歓びとを求めねばなりません。そのようにして、全人類に与えられている豊かさおよび歓びへと向かっていくのです。

イエスが教えられた地上天国創造の法則（極めて小規模ながらその適用をあなた方は見たわけです）は、正確であって、科学的です。人は神の子にして神の似像《にすがた》ですから、自分の内に、父なる神の真の霊を持っています。人は、意識さえすれば父の創造的法則をよくわきまえてこれを活用し、自分の身辺の事柄に、これを完全に適用することができるのです」

そう語り終えると、彼女はどんな質問にも喜んで答えたい、と言いました。

人類に本当に必要なのは、偶像ではなく、理念だった

質問をしようにも、あまりにも感動が深くて質問どころではない、というのがレイの答えでした。

彼はいろいろと熟考したかったのです。

「ちょっとお話ししてみたいことがあるのですが、どうか気を悪くしないでいただきたい、

もともとお気に障るようなことをするつもりはないのだから」と断ってから言いました。

「私たちは、予定にしたがって、遥かな過去に埋もれて今は亡き種族の遺跡を探ろうと思って此処までやって来ました。

ところが、私たちは、その代わりに、理解を超えた驚くべき活力溢れる生活を送っている方々を見ました。私たちが目の当たりにしたこのことを世界に報道すれば、全世界があなた方の足許に頭を垂れるでしょう。

私たちは、何も世界に対して私たちの足許にひれ伏して欲しいとは思っていません。ただしかし、全人類が、神の足許に頭を垂れる姿をどんなに見たいことでしょう」

さらに言葉を続けて言いました。

「人類はあまりに多くの偶像を持ちすぎました。本当に必要なのは、偶像ではなく、理念だったのです」

ここでこの訪問客たちは、先に行くところがあるからと断りながら、一番初めにテントの入り口に訪ねて来た一人を除いてみな立ち上がり、心のこもった握手や別れの挨拶を交わし、いつでも自分たちを訪問するようにと勧めると、来訪の時と同じようにパッと姿を消し、後にはレイとその一行がこの人たちの立っていた場所をあ然と見つめているのみでした。

その後、レイは居残っている人に向き直って、その名を訊ね、バゲット・アイランドという答えを得ました。

レイは、早速その人に質問を浴びせました。

「あなたも肉眼で見える乗り物に乗らず、たった今のように、これまでに知られた重力や物理の法則を無視して、自由自在に行き来できるとおっしゃるのですか？」

「私たちは、どんな法則でも、無視するということはしませんし、また、人間や神の法則を一つでも害することはしません。私たちは、自然と神の両方の法則すべてに協同し、それに従って働くのです。私たちの交通手段は、あなた方には見えませんが、私たちには、完全に見えるのです。残念なことには、あなた方には、それが見えないので、信じられないのです。

しかし、私たちはそれを見、信じ、知り、且つ活用することができます。あなた方にもそれを知り、見、且つ活用するだけの理解力が開けたときに、私たちの用いているこの法則が、明確なもので、しかも、あなた方が見たり、聞いたりしている制約された法則よりも、遥かに人類の役に立つことが判るでしょう。また、それが人類の可能性の表面に触れただけであるということも、いつかお判りになるでしょう。私たちは、いつでも喜んで私たちにできる方法で、あなた方のお手伝いをいたします」

チャンダー・センの話では、この方は私たちが宿営地に帰るとき、この人の村を通って行けば近道でもあるし、今の季節なら、日程も1日だけ短縮できるので、それを勧めに来たというのです。

それで、直ちにその勧めに応じることにしました。

バゲット・アイランドは、私たちと一緒に帰りたいと言いました。なんでも彼は、ゴビ地方でかつて栄えていた種族の末裔だそうです。

第11章

治病の原理／「赦しと想念」におけるジャストの説法

死は克服するものではなく、死の上には一層豊かな生命があるだけ

私たちは、合同探検のための予定の仕事はすでに終えていたので、基地に向けて早朝出発する態勢になっていました。

基地で合同を解き、11人の一行を除いた他は、それぞれの郷里に帰ることになっていました。

また、前に昨冬の本部にしていたT字寺院の村に戻ってくるよう勧められていたので、私を含めて三名の隊員がそれに従うことにしていました。

出発の前日の夕方、日没を見ながら立っていると、一人の隊員が、「古い文明や宗教は、一体どれだけの歴史を経ているのか、両者は本当に長い年月の間、一緒に伝承されてきたのか、どうも不思議に思われてきた」と言いました。

すると、ジャストが答えました。

「それは、あなた方の言う宗教の意味如何《いかん》によります。もしも宗教という言葉が、信条、独断的教条、教派、あるいは迷信までを意味するのであれば、その歴史は浅く、2万年以

上にはなりません。

しかし、もし真の生命、哲学、生命そのものに対する真の畏敬を意味するのであれば、それはあらゆる歴史、あらゆる神話、あらゆる『譬《たと》え』を超え、また国々や帝王たち、人間の造った規則よりも遥か昔の人間が地上に到来したときにまで遡ることができるでしょう。

初めて地上に現れた人々のハートの中には、すべての生命の根源と生命の美に対して、極度の畏敬が燃えていたか、輝いていました。その純粋な霊の美と純粋な霊への畏敬は、長い歴史を通して翳《かげ》ることなく、光を放ってき、また永遠に翳ることなく光り輝くでしょう。


人間が、はじめて生まれいづる生命を取りあげたとき、人間は、その生命が何処から来るものであるかを、充分に知っていたのです。その根源に対し、人は最深の崇敬を捧げました。

この崇敬を、今日私たちは、内在のキリストと呼ぶのです。

しかし、時間という薄暗い廊下を下るにつれて、それが無数の教派、信条、教義に分かれ、遂にはその廊下も、不信と迷信のベールのような、網の目に細分化してしまったのです。本来源は一つでしかないのに、一体誰が、そういう風に分けてしまったのでしょうか。神でしょうか、それとも人でしょうか。この分離のために生じた罪と不調和の大過の責めは、一体誰にあるのでしょうか。

考えてごらんなさい。神が大空のどこかに座ってこの大きな網を眺め、あちこちの何かの状況をちょこちょこ変え、ここかしこで生命に干渉したり、訂正したり、ある者を讃え、ある者は咎め、ある者の手を高々と掲げて勝利を宣言するかと思えば、ある者は踏みつけにする――こういうことを、神が成さるでしょうか。

否、もし真の生命を与える偉大な者があるなら、その方は、万物を超越し、万物を抱擁し、万物の中に在り、万物に対し、万物を通じ、万物の上に、その生命を注ぎいれる全能、遍在、全知でなければなりません。そうでなければ、あらゆる生命の真の与え主ではありません。

あなた方は、この思想を分割して無数の形にまとめ上げることもできます。しかし、最後のものに到達したとき、実は同時に最初のものに到達したことに気づくでしょう。こうして、この初めのものと終わりのものとは、初めもなく、終わりもない周期となるでしょう。そうでなければ、およそ基礎や仮説や、真理というものは存在し得ないのです」

　ここで誰かが訊ねました。

「あなた方は、死を克服しようとなさいますか？」

「いいえ、私たちは、生命を完全かつ充分に表現することによって、死の上に高揚するのです。だから**私たちは、死とは何かということさえ知らないのです。私たちにとっては、一層豊かな生命があるだけです。**多くの人たちが犯す間違いは、自分たちの宗教を、神の純粋な陽光の広場に公開しようとはしないで、なにかの覆いや秘密の背後に隠そうとすることです」

　イエスはこの人たち、つまりジャストやその仲間の方々と一緒に住んでいらっしゃるかという誰かの質問に対して、ジャストはこう答えました。

「いいえ、イエスは私たちと一緒に住んでいらっしゃるのではなくて、私たちに共通の想念によって私たちに引きつけられるのです。私たちだけではありません。同じ想念を持っている人々すべてに、引きつけられるのです。すべての偉大な霊の持ち主がみなそうであるように、イエスは奉仕するためにのみ、生きていらっしゃるのです」

彼の話はさらに続きます。

「イエスがインド、ペルシャやヒマラヤ地域から集めた書物に触れたのは、北アラビア滞在中のことでした。イエスは、ここで初めて聖同胞団の密教に触れたのです。それらの教えは、イエスがすでに抱懐《ほうかい》していた信念、すなわち真の生命の神秘とは、神が各個人に内在するキリストを通して顕現するということを一層強固にするのに役立つのみでした。このことを明確にするには、すべての礼拝形式から身を退き、個人を通じて現れる神を崇拝し、神のみを崇拝しなければならぬことを悟ったのです。

また、そのことを実地で示すためには、たとえ自分の師匠の不興を買っても、師匠の元を去らなければならない、と悟りました。そうと悟れば、一瞬たりとも、ぐずぐずしてはいられませんでした。自分の抱いている大義への献身と、世界のための偉大なる奉仕の信念に揺るぎはなかったのです。

もしも人間があの強力な内なる存在（Indwelling Presence）の高みにまで上昇し、その力が出るようになれば、また、もし強力な神の子、すなわち神の叡智を完全に宿す者、神の溢れ出る宝を豊かに蔵する者、溢れ出る生命の泉、主、慈悲と叡智の法則が、肉体をもって地上に顕現するとすれば、保有しているこれらの宝の、所有権を主張するに違いない。

イエスはこのことを悟りました。こうして、イエスは純粋な動機をもって生き、顕れた存在（Presence）、別名キリストと後に呼ばれるような生涯を実現することになったのです。

病や不調和は人間自らが引き起こしたものであり、人間のみが病を消し、赦し得る唯一の者である

イエスは毅然として立ち上がり、大胆にも、彼に内在するキリストは、すべての人々にも内在すること、イエスを愛する子と宣言した天上の声は、同時にすべての人々を神の子たち、共なる世継ぎ、兄弟と宣言すると公言したのです。聖霊が鳩のように天から降りて彼の上に留まり、彼と共に住んだと言われるイエスの洗礼のときに、この新しい紀元は創られたのです。

イエスはまた、すべては神のものであり、肉の形になって現れたものである、とも言われたのです。

イエスは大胆にも、無知こそが、すべての罪の元である、と宣言しました。

赦しを行うためには、換言すれば、**罪を赦す知識を修めるためには、人は本来すべての罪と不協和と不調和を赦す権利がある。罪を赦すのは神ではない。なぜなら、神は人の罪、病、不調和とは何の関係もないからであって、それは、人間自らが引き起こしたものであり、従って、人間のみがこれを消し、または赦し得る唯一の者である——という事実に、人は蒙を啓かなければならないことを、イエスは悟りました。**

神の心こそが、創造原理であること、およびこの原理と人間自身との関係この二つについて無関心であるか、あるいは理解を欠くことが、すなわち無知である。このことを人は学ばなければならない。

人はたとえすべての頭脳的知識を持ち、俗事に精通していても、キリストが実は、内に在る神という活気溢れる真髄であることを見失うなら、自分の一生を支配する最重要な要因について、甚だしい無智を犯すことになるのである——このような真理をイエスは悟ったのです。

全きまでに、公正にして愛なる父にまします神に、病や罪の赦しを求めることの矛盾に、いち早くイエスは気づきました。**病は、罪の結果であって、罪の赦しが癒しの重要な一要素であること、病とは、多くの人々が信じているような神罰ではなく、自己の実存につい**

ての誤った考え方の結果である。人を自由ならしめるのは、真理である。イエスはこのように教えられたのです。イエスの教えがその師匠たちの教え以上に連綿と続いているのは、実にその教えの純粋さに起因しているのです。

七度《たび》赦しましたと言ったペテロに対するイエスの答えは、7度の70倍赦しなさい、赦しが何処においても日常茶飯事になるまで赦し続けよ、ということでした。相手の憎しみを赦すために、イエスは愛に一心を集中したのでした。これは、人の憎しみが彼の生命を脅かしたときだけでなく、周囲を憎しみで取り囲まれたときもそうでした。

この真理がすべての人に内在する光であり、それを知って用いれば、無明の闇から人を導き出すこともできることを悟りました。

また、何かを克服した人はすべて、不調和に対して、真理をもってする場合、常に罪を赦し続けることを、主なる神と契約していることを知りました。これが、父なる神のお仕事に当たる方法でした。これ以外には、どんな方法をもってしても、地上を変容することも、平和と調和を人の間にもたらすこともできないことを、イエスは知っていました。それゆえに、イエスは、汝ら人の罪を赦せば、汝らの天なる父もまた、汝らを赦さんと言われたのです。

この言葉の価値をよく知ろうとして、あなた方は、『父なる神とは何か』とお訊ねになるでしょうが、父なる神とは、生命であり、愛であり、力であり、支配なのです。これらすべての性質が、財産によって、子のものとなるのです。

『我らは、神の国へのキリストと共なる世継ぎである』とパウロが言ったのは、こういう意味だったのです。と言っても、これは、父が、子よりも多く所有しているとか、まず長子が多く貰って、その半分を残りの子たちに、秤《はかり》で測って分け与える、ということでもありません。天国へのキリストと共なる世継ぎということは、神の国のすべての祝福に平等に与《あずか》るということです。

自分が神聖であると悟った瞬間、すべての制約から解放される

私たちは、時としてイエスと比肩しようとすると、不遜《ふそん》な者との非難を受けたりします。それは、共同の世継ぎということの意味を、人々が知らないからです。私たちの同僚の中には、自分はこの偉大な大師と同じ悟りに達しているとか、イエスの純粋さに到達しているなどと、僭称《せんしょう》する者は、一人もいません。

この共同の世継ぎとは、同じ力を開き、同じ程度の悟りに達し得る可能性があるということなのです。ですから、すべての神の子たち、すべての真の弟子たちに、イエスが交わした約束、すなわち、イエス自身と同じように、神のすべての性質に完全に与る者になれるという約束が、完全に真理であることを理解し得ない者は、一人もいません。

『天にまします汝らの父が完全なるごとく、汝らも完全なれ』というイエスの言葉の意味を、私たちは、完全に理解しています。この偉大なる魂は、一瞬たりといえども弟子に対し、精神的にあるいは、道徳的に、不可能なことを要求したことはありません。人間の完全性をご覧になり、かつ完全性を求めたのは、ただ人間に可能な向上目標を求めただけなのです。ところが多くの人々は、一介の人間がイエスのように完全になど決してなれるものではないと妄信して、自ら慰めてしまっているのです。

こんな人たちは、こういう議論をします。――イエスは神に属していたからいろいろな奇跡を演じたのであって、イエス以外の人間にはできるはずがない。だから同じことをやってみようとしたって絶対に無駄であると。そういう人たちは、またこう言います。――人間の運命を彫り刻むのは人間の意志力のみであって、それ以上の良き、有効なあるいは科学的な方法は、この地上にはないと。

しかし、この偉大なる大師は、初めはある程度の意志力が要るが、人間の単なる意志はこの場合、重大な因子ではないのであって、重大な要素は、実は聖なる悟りであることを、明らかにしたのです。

『汝、真理を悟るべし。真理は汝を自由にならしめん』と、イエスがどんなに度々話されたことか。

このことを、私たちの周囲にある簡単な事柄をあてはめて考えてみましょう。なんでもいいですが、あることを私たちが充分に知り尽くすようになると、その瞬間私たちは今までの無知な考え方から解放されます。たとえば、地球は丸く、太陽の周囲を回っている事実を完全に理解したとき、人は地球が平らで太陽の方が昇ったり沈んだりするという、昔の考え方から解放されます。

自分はただの人間であって、生死という人間界の法則と人間が自らに課した自己限定に支配されるものだという誤った信念から解放された瞬間、すべての人間的自己限定はなくなり、意識さえすれば、神の子にもなれるのです。

自分が神聖であると悟った瞬間、すべての制約から解放され、神の力を有するようになります。この神聖こそが、人間が神ともっとも直接に接触する場であることを知るようになります。この神聖は、外から各人の中に注入するものではなく、各人に本来実在する生命そのものであることを、人は悟り始めています。私たちが他の人の生き方を自分の理想として見ていると、やがてそれが私たちの生活の中に根を下ろし、神聖原理に従って、その通りになって現れてくるのです。

罪の力を信じ、罪の結果を実在と認める限り、罪に伴う罰が、私たちの生活に致命的な影響を与えるようになるでしょう。

しかし、私たちが、自分の場合であれ、他人の場合であれ、不調和に対して正しい思考をもってすれば、種子蒔きの後に確実に生ずる収穫、すなわち霊的饗宴の準備をしていることになるのです。

罪を赦すことには、二重の使命があります。

第一に、過ちを犯した人もそれを愛する人をも共に自由にする。なんとなれば、その背後には光り輝く深い愛、原理に基づく愛、『これは我が愛する子なり、我彼にありていたく歓ぶ』、と語られる父なる神の歓びの他には、いかなる報いをも求めずに、ただ与えるとのために与えようとする愛があるからです。これらの言葉は、イエスにとって真理であったように、私たちにとってもまた真理です。

イエスの治療方法の根本はすべて、心にある原因を取り除くこと

あなた方の罪や病や不調和というものは、神すなわち、あなた方の実相の一部ではないのです。それはカビが植物に附着しても植物の一部ではないようなものです。それは、間違った考え方の結果として肉体に累積してできる偽の贅肉《ぜいにく》のようなものです。

偽物の信仰を消せば、病も消え去るのです。これこそ、イエスが常に願った唯一の治療方法だったのです。

イエスは相手の意識の中に巣食っている偽像を消し去ったのです。イエスはまず、自分の体の波動を高めてその想念を神の御心に繋ぎ、人間に対する神の完全なる考え方と一致させ、じっとその状態を把握し続けます。すると、イエスの体の波動は、神の心の波動と等しくなります。このようにして、神の完全さのみをしっかりと思い続けて自分の体の波

動を高めたとき、腕の萎《な》えた病人の体の波動も高まり、ある程度まで来ると、彼の意識から腕萎えという意識が消え去るのです。その時、イエスは病人に『汝の腕を伸ばせ』と言い、その時病人の腕は伸び、こうして全き癒しが得られたのです。

イエスは神から来るすべての完全なる像を観ることによってその体の波動を高め、そうして不完全な心象をまったく消し去ることができ、瞬間的に完全となり、癒しも全きものとなったのです。

自分の想念と意識を、いつも神と神の完全性に向けることによって、自分の体の波動を高め、神の完全性から発する波動と同調融合し、神の完全性と完璧に一つになり、ひいては、神自身と一つになることが、間もなく判ります。

やがてあなた方が接触する人々の身体の波動に感化を与え、その人々もあなたと同じように完全のみを見るようになります。こうしてあなた方は、自分の使命を果たし、あなた方の役割は完全になるのです。一方、不完全さを見て自分の波動を低下させ、その結果として、不完全を招き寄せることもできます。もしそうすれば、自分の蒔いた種子を刈り入れることは免れません。

神は、その完全な計画を実行するために、すべてを通じて働きます。すべてのハートから不断に流れ出る完全な美しい想念は、神の子たちに対する神自らのメッセージです。この美しい想念によって、私たちの体の波動は、神の神聖且つ完全な波動と直接に接触を保つのです。

この種子が、『神の言葉』であって、それは自らの神性なる性質を悟ると否とにかかわらず、感受性のあるすべてのハートに根を下ろします。

私たちが、神の成すように、自分やあらゆる人々の本来の聖なる完全性のみを徹底的に思い続け、その結果、私たちの体の波動が神の御心から発せられる聖なる波動と直接調和し、且つ一つになるとき、初めて神からの遺伝に、より接近したことになるのです。

しかしながら、霊的悟りから豊かな収穫を得るためには、私たちの想念は、神の心からその愛する子である人間に発せられる完全な調和に満ちた想念と共に常に振動し、常にそれを把握しなければなりません。私たちは、思うとき、話すとき、行うときの態度の如何によって、また、それらの活動が全世界に発する波動の如何によって、人類のすべての罪を赦すことは勿論、私たち自身を奴隷にすることも解放することもできると、間もなく気づきます。
こうしていったん、一定の線に沿って想念を起こすことにした以上は、全能の力そのものが私たちを支えること、またこのような考え方を常に起こせるようになるために必要な訓練をしているうちに、おのずから神から促された想念が起こるようになって、自分自身と兄弟たちを束縛から解き放つこの力が、自分たちに与えられた光栄ある特権であることが判るようになります。

イエスの治療方法の根本はすべて、心にある原因を取り除くことにありました。

従って私たちは、イエスの唯心論を実地で証明する必要がありますし、また、そうしてみれば確かにイエスの言われた通りであることが判ります。暗い観念の中にまず数条の光を射し込むだけで、多くの罪が消え、また意識の中に深く根を下ろしている罪でも、根気よく光を射し続けていれば、遂には克服されるのです。
キリストの赦しの愛を妨げることなく、充分に発露させるならば、必ず、至るところで、イエスの赦しの愛が見られるようになるでしょう。

真の赦しは、すべてを浄化し、祝福します。それは、まず個人のハートの中において始まります。それは、初めのうちは考え方の革命です。それゆえにまた復活です。神が唯一の『心』であり、この『心』が純粋且つ神聖なることが判れば、キリストの心が自分の内にあって、完全に働くという真理を崇め、且つ保持し続けてゆく上で大きな力になり、また、この調和に満ちた建設的な想念の流れの中に、絶えずあるようになります。

想念こそ宇宙におけるもっとも強力なもの

あなた方は、『考える人』の世界の住人となる時期に速やかに近づきつつあること、想念こそ、宇宙におけるもっとも強力なものであることが、間もなく判るようになるでしょう。

想念は、神の心と肉体の病、あるいは地上の不調和との間の仲介者です。不調和なことが起こったら、直ちに神の心、すなわち内なる王国を観じるようにすれば、すぐに神の想念と一つになり、神の愛は求める者に、その純愛の癒しの香りを常に与えようとしていることを知るでしょう。イエスは、人間の意識の中から、罪とその結果を消し去るために、今なお生きていらっしゃるのです。

人と神との関係を悟り、神の愛の真っただ中から新しく出現したのです。神の霊のみが、唯一の力であるという大胆、且つ無碍《むげ》な意識の上に立って、イエスは神の法則――（それさえ把握して日常生活のあらゆる面に応用すれば、悩める者も光り輝く存在へと変貌し、完全なる人々によって構成される唯一真実の王国、すなわち地上に天国をもたらす神の法則）――が万物を凌駕することを宣言したのです」

ここでジャストは、語り終えました。

第12章

地下廃都の文明／それは王・人民・僧侶の始原

キャンプの下に横たわる23万年前の古代都市では、数千歳の寿命はざらだった

太陽はすでに地平線に沈んでいました。余光が全天に燃え、今夜の静けさを預言しています。

この10日の中で、風も嵐もない初めての夕べを迎え、もう皆が、この壮大な色彩の饗宴に、静かに酔いしれていました。

ゴビ砂漠の上に繰り広げられた静かな日没の景観は、観る者を魅了して、すべてを忘れさせます。

諸々の色彩が灼熱の光となって輝き放たれるのではなく、あたかも、色付けしたサーチライトを見えざる手で操るかのように、ここかしこに大いなる光条となって放射するようです。時としてこれらの見えざる手は、スペクトラムの分析光全部を種々さまざまに組み合わせて変化させた色彩を見せようとでもしているかのようです。

幅広い白光が現れたかと思うと、その途中から斜めに紫色の帯が大幅に分岐し、さらに

また藍色の光が一条射して、それと並んで青色の光が現れ、こうして次々と異なる色彩が展開し、終《しま》いには、気圏全体が、いくつもの広い色帯によって彩られます。

暫くすると、これらの色が混じり合い、再び溶け合って白光帯になり、それで終わるかと思うと、またあらゆる種類の色の光条となって、四方八方に末広がりに放たれていきます。やがて次第に、一様な金色になり、その反射を受け、地上の波打つ砂丘はあたかも溶けた金の波のうねりのようです。

この光景が、およそ10分も続くと、次第に色が褪せていき、やがて、青、黄、緑、灰のまだらな夕霞のなかに溶け込み、夜の衣となって天から落下した、と思う間もなく、すでに闇は私たちの上を覆っていました。そのスケールの雄大さには、隊員数名が驚いたほどです。

隊長がバゲット・アイランドに向かって、「私たちの足許に今は廃墟となって埋もれているような都市を造り上げたこの地方の住民について説明してもらえませんか」と頼んだのに対して、彼はこう語りました。

「私たちは、7万年以上もの間、世代から世代へと、注意深く伝えられてきた記録を持っています。

それによると、このキャンプの下に横たわっている、今は廃墟となった都市が創設されたのは、23万年前となっています。最初移住してきた人たちは、この都市が創られるずっと前に、西方から開拓移民としてやって来て、南部と南西部に定着し、発展するにつれて、一部は北部と西部に移動していき、遂に全域に広がって定住するようになりました。やがて肥沃《ひよく》な畑と果樹園ができるにつれて、都市の基礎ができていったのです。

このような都市は、初めのうちは、そう大きくはありませんでしたが、年月を経るにつれて、美術工芸や学問相互の間で密接な協力を得るためには、これらの中心地に集まる方が便利であることが判りました。やがていろいろな寺院も建てられるようになりましたが、それは礼拝の場所としてではありませんでした。というのは、この人々は、何も一定の場所で改めて礼拝しなくても、毎日のあらゆる瞬間の実際の生き方が、礼拝になっていたからです。

そういうわけで、生活は常に生命の第一原因に捧げられていました。第一原因者と協力している限り、生命にしても異常をきたすことが決してなかったのです。

当時は、数千年の齢を保っていた男女はざらでした。事実、彼らは死というものを知らなかったのです。彼らは何か一つのことを完成すると、生命と実在の、より高い次元に上

昇していったのです。生命の真の根源を認め、受け入れていたので、無限の富が尽きない流れとなって流入してきました。

どうも、話が横道に逸れてしまいましたね。寺院に話を戻しましょう。

ここは美術や科学、歴史などの知識や技能の成果を文書にして記録しておき、他日の用に充てるために保存した場所です。ですからこの寺院は、礼拝のための場所としてではなく、深奥な科学上のテーマを議論する場所として使われていました。その当時は、礼拝という考え方や行為は、特殊な人々が特定の機会にするというのではなく、個人個人の日常生活の中で成されていたのです。

当時の人たちは、交通手段として、幅広い平坦な街路が便利であることを思いつき、あなた方の、いわゆる舗装技術を開発していましたし、また家は、住み心地良く建てた方が便利であることも知っており、家屋や寺院の建築のために石を刻み、煉瓦《れんが》や煉瓦の定着に必要なモルタルの製造方法も開発していました。こういったものは、あなた方もすでに発見したわけです。

金が、錆《さ》びることのない極めて有用な金属であることもすでに発見していましたし、初めは砂、次には岩から採鉱し、最終的には、その製造方法も発見したので、やがて金はありふれたものにまでなってしまいました。他の金属でも、必要なものなら、それを製造する方法を発見したので、金属が非常に豊富になりました。

こういった村は農業一筋で生計を営む代わりに、農耕業者に作業範囲を広げることのできる便利な農具を製造して供給するようになり、このような中心地が、次第に成長し、発展して、人口1000〜2000人を擁する町になっていきました。

それでも、一時期ではあったにせよ、まだ首長や統治者という存在はいませんでした。統治はすべて民選の顧問団に委託されていました。他の村からも代表が送られ、受け入れられていました。しかし、個人一人ひとりが、自分の本質をよく知り、その本質を支配する普遍的法則によって生活していたので、個人の行為を律する法則や規則などは、制定されませんでした。人定法の必要はなく、ただ賢明な顧問が必要なだけでした。

ところがそのうち、ここで一人、あちらで一人という風に、正道を踏み外しだす者が出てきました。

そういう連中は、支配的な傾向にあり、物事をどんどん推し進めていきました。

一方、コツコツと地道にやっていくタイプの人たちは、後ろに下がるという風で、愛の性質が一般的にまだ充分な発達を遂げていなかったので、この両者が知らず知らずのうちに、分離するようになり、やがて分離のギャップがますます広がってゆき、遂に極めて支配傾向の強い者が、王や一時的支配者になってしまいました。

しかし、その統治自体は、賢明に行われたので、この分離の結果として、将来の見通しのつく少数の人々を除いては、一般大衆は、将来を案ずることもなく、その統治に従っていきました。

原始僧侶団と俗界の行政者集団の始まりがここにある

前述した少数の人たちは、政治の舞台から身を退き、分離の愚を同胞に訴える努力をしつつ、多かれ少なかれ、隠遁《いんとん》生活を送りました。これが、原始僧侶団となったわけです。

一方、王の方は、初めて俗界の行政者集団を造り上げました。この人たちの、その後の正道からの逸脱ぶりは、深い研究と探索によってのみ、明らかにされ得るものです。

しかし、その反面、簡潔な教えを守り、それに従って暮らしてきた人々も、少数ながらいました。大体この頃では、もう大多数の人にとっては、人生は非常に複雑なものになってしまっていて、『人生は一つの単純な生活状態であり、すべての生命の大原理に直接協力して、釣合のとれた生活を営むことである』という真理は、もう信じられなくなっていました。

従って、今の自分たちの生き方が、実は複雑困難であり、すべての生命の大原理と協力していく単純な生活こそが、一層豊かな生活であることは、もう判らなくなっていました。結局、その誤りを悟るまでは、そうして続けてゆく必要があったのです」

ここで語り手は口を閉ざし、暫く立ったまま沈黙しました。

すると、突然眼前にある映像がパッと映し出されました。初めは静止していましたが、やがて生気を得たように動き始め、時々刻々というよりは、情景の説明の都度、彼の指示通りに変化していきました。彼には、質問に受け答えする都度、情景を思い通りに停止させたり、再現させたりすることができるようでした。これらの情景は、このキャンプの下の廃都で嘗て演じられたもののようです。

道が広くて、手入れの行き届いている点を除けば、人口の多い今日の東洋の都会の状態と少しも変わりません。住民は良質の衣服をまとい、表情も明るく楽しげで、見たところ、兵隊も貧困者も乞食もいません。

特に注意を惹かれるのは建物で、美しくどっしりとした構えで、見るからに気持ちが良い。別に派手というわけでもなさそうですが、一つの寺院だけが、ずば抜けて壮麗です。この寺院は、まったく自発的な志願者たちの手で造られたもので、この土地で一番美しいものだそうです。

もしこれらの情景の通りであれば、全般としては、人々は満ち足りていて、幸福に暮らしていたに違いありません。

兵隊は、第1王朝第2代の王の約200年間の統治の後で、初めて出現したそうです。この王は、家来を維持するために初めて人民に税を課し、税を徴収するために兵士を任命したそうです。

その結果、50年後には、辺鄙な地で貧困者が出始めました。この王国と統治権を掌握している人たちに不満な国民が、社会の表舞台から引退したのはこの頃のようです。バゲット・アイランドとその一族は、この種族の末裔とされています。

そろそろ夜も更けていきました。真昼の3時間は旅行には不快なので、明日の朝明け前に出発した方が旅行しやすいからもう寝た方が良いとバゲットが勧めてくれました。一方、冬の嵐の時期は足早に近づいていました。

第13章

仏陀の出現／あばら家が美邸に変身する物質化の技

エミール師の母の驚くべきヒーリングと物質化の神秘

翌日は未明に起床し、夜明け頃には、すでにバゲットの郷里への途上にあり、12日目に漸《ようや》く到着しました。

そこで砂漠で宿営していたときの最後の夜、私たちをひょっこり訪ねてきた部隊の歓迎を受け、そこで5、6日泊まって休養するように勧められ、ある宿所へと招かれました。砂漠でさんざん辛酸を嘗《な》めてきた後だけに、これは、とても豪華版でした。身なりを整えてから、次の間に入ってゆくと、数名の先客がいて、心から挨拶をして、このように言ってくれました。

「この村は、あなた方のものです。どの家も、ドアを全開にして、いつでもあなた方をお迎えするようになっています」

村長は、通訳を通して歓迎の意を表明し、彼の自宅で饗応するからすぐに出掛けようと誘われました。

土地の風習に従って、村長の両脇に一人ずつ、都合二人の兵士が衛兵として先導し、私たちは、縦隊をつくって部屋から出て行きました。私たちの次には、女将と別の探検隊の隊長、その次が美婦人と私たちの隊長、それからエミール師とその母君で順序を組んで出て行きました。私はエミール師と母君と一緒に歩き、残りの隊員がその後に従いました。

少し進んで行ったかと思うと、見物に群がり集っていた人々の中から貧しい身なりの少女が飛び出し、エミール師の母君に土地の言葉で、「お願いがあります」、と叫びました。ところが、村長は、「こんな娘などに構っていられない」と言いながら、邪険に彼女を払いのけました。エミール師の母君が、私たちの腕を摑んで止まると、三人の者が娘の願いを聞きに、隊列から出て行きました。女将も、ややためらいましたが、思い切って隊列から離れると、全員が止まってしまいました。

エミール師の母君は、「残りの隊の人たちは、先に行って、座席の準備を済ませておいて欲しい。準備が済む頃には、こちらも到着するはずだから」と隊長に言いました。

その間も、彼女は、少女の手を自分の手に握っていました。隊が再び行進しだすと、彼女は膝をついて少女を両腕で抱き、「どんなお願い？」と、訊ねました。

少女の弟が、その日の午後、高いところから落ちてどうやら背骨を折ったらしく、酷く苦しんでいるから、一緒に行って、助かるものなら、助けて欲しいと言うのです。

エミール師の母君は、身を起こしてみなに事情を説明し、「自分はこの娘と一緒に行くので遅れるから、先に行って欲しい」と言いました。

隊長が、「差し支えがなければ、自分もお供をしたい」と申し出ました。彼女がみなに同行を勧めてくれたので、私たちは方向転換し、手に手を取り合って行くエミール師の母君と少女の後について行きました。

女将の話では、少女はもう、弟がこの偉い女性の力で治ると信じ切っているらしいのです。家に近づくと、少女は先に飛んで行って、家族に客の来訪を告げました。


ところが、家の近くまで来て判ったことですが、家とはいっても、それは泥で固めた小屋でしかありませんでした。私たちのこの思いを、エミール師の母君が感じ取ったらしく、「あばら家ではあっても、中は、温かい心が脈打っていますよ」と、言いました。

その途端に戸がパッと開き、ぶっきら棒な男の声がして、私たちは中に入りました。家の外見も惨めですが、中はもっと悲惨でした。一行が入るほどの広さもほとんどなく、天井も低くて、まっすぐには立てませんでした。

ほの暗い狐火のような灯りがともり、子供たちの母親と父親が、不潔なところに座っていました。そのこわばった顔に不気味な光が一条射していました。ずっと片隅に一塊の黴《かび》臭《くさ》い藁《わら》と悪臭を放つボロの上に、五歳くらいの少年が灰のように蒼ざめ、顔をしかめて寝ています。

少女はこの少年の傍に寄ると、膝をかがめ、その両手を取って自分の両頬に当て、「この綺麗な方がここに来てくださったからには、きっと完全に治るから」と言って聞かせ、弟にもエミール師の母君が見えるように、両手をずらしました。

その時初めて少女は、母君の他に、私たち一行が入って来ているのに気づきました。その瞬間、彼女の表情がサッと変わり、全身に大きな恐怖が広がっていったようでした。彼女は両腕を重ねて顔を埋め、「あなた様お一人でいらっしゃるものとばかり思っていましたのに」と、言いながら泣きじゃくりました。母君は彼女の傍らに膝を折って、両腕で彼女を暫くの間抱き寄せましたが、少女は黙ったままでした。

「あなたが嫌なら、みなさんに家から出ていただきましょうね」

「いいえ、私、ビックリしただけなんです。弟のことしか考えていなかったものですから。私のことなんか、気にしなくてもいいんです」

「あなたは、弟さんを大変愛しているんですね」

「ええ、でもみんなのことも愛しています」と、この10歳にもならないはずの少女は答えました。

私たち一行の中には、土地の言葉を話せる者は一人もいないので、話のやり取りの通訳は、エミール師がやってくれました。

「あなたがそんなにまでみなさんを愛しているのなら、弟さんを治すお手伝いができるのよ」

そう言うと、エミール師の母君は、少女にそのままの姿勢で、少年の両頬に両手を当てるように言いつけ、自分は少年のところに寄って行って、その額に片手を置きました。

するとほとんどその瞬間、少年の呻きが止み、顔が輝き、小さな体は和らぎ、その場全体に、完全な静けさが広がりました。やがて、少年は静かな自然の眠りに入っていきました。


二人はそのままの姿勢でしばらく座っていました。やがてエミール師の母君が、左手で少女の両手を少年の頬から優しく除けると、こう言いました。

「この子は、なんと、綺麗で、丈夫で、美しいんでしょう」

それから、彼女は、自分の手をとても優しく外しました。たまたま私は、彼女の近くに立っていたので、彼女が左手を差し伸べたとき、立ち上がるのを助けようとして、手を差し出しました。ところが、彼女の手が私の手に触れた瞬間、電撃のようなものがサッと体全体を走り、どうすることもできませんでした。彼女は身軽に立ち上がると、こう言いました。

「あなたの手を受けるべきではなかったのに、つい、うっかりしていました。私の中に流れ込んだパワーがあまりに大きいものだから、あなたはちょっと圧倒されてしまったんですよ」

突然、少女がエミール師の母君の足許に身を投げて、その両足を両手で抱き、気でも狂ったかのように、洋服の上からキスをし始めました。

エミール師の母君は身をかがめ、片手で、涙でひどく汚れた少女の顔をあげ、しゃがんで彼女を抱きしめ、目と唇にキスしました。少女はエミール師の母の首を両手で抱いたまま、二人とも暫くの間は、身動きもしませんでした。

その時、例の神秘的な光が部屋いっぱいに射しはじめ、次第に明るさを増し、遂にあらゆる物体に光が漲《みなぎ》り、もはや影を射すものは、一つも無くなりました。部屋はあたかも、広がっていくかのようでした。

　子供たちの両親は、それまでずっと汚い床の上に、まるで石のように、顔を強ばらせて押し黙ったまま座っていましたが、この時立ち上がりました。その顔には血の気がなく、混乱の様子が見え、やがて恐怖の色に変わりました。かと思うと、父親の方は、パッと出口から逃げ出し、その勢いはほとんど隊長を突き飛ばさんばかりでした。

　母親の方は、エミール師の母の傍にひれ伏し、体を震わせながら嗚咽《おえつ》しています。エミール師の母君が、母親の額の上に手を置き、何やら低い声で話しかけると、間もなく嗚咽は止み、母親は中腰になって家の中を見回し、変わり具合に気づきました。顔の表情がサッと恐怖の色に変わると、慌てて立ち上がり、外に逃げ出そうとしました。

　その時、エミール師が片手を伸ばして母親の片腕を摑み、残りの片手を、美婦人が握りました。しばらくそのままの姿勢でいると、母親の驚いていた様子は、やがて微笑みに変わりました。

私たちも改めて周囲を見廻してみました。すると、なんと今までの陋屋《ろうおく》が、椅子、テーブル、清潔なベッドなど、ちょうど居心地良くしつらえた家に変わっているのです。エミール師がつかつかと歩いて、まだぐっすり眠っている少年を黴臭い藁とボロの山から抱き上げ、清潔なベッドの上に優しく降ろして布団を掛けながら、身をかがめ、まるで女性がやるように、顔に優しくキスをしました。

エミール師の母君と少女が体を起こして、母親の立ち尽くしているところへ寄って来たので、私たちは、二人を取り囲みました。

少女の母親は両膝を折って、エミール師の母の両足をつかまえてキスをしながら、「どうかこの家に留まってください」と頼みました。エミール師が進み出て、かがみながら、母親の両手をとって立ち上がらせてあげました。その間も、師は土地の言葉で、静かに話しかけるのでした。

ところが、母親がまっすぐ立ち上がってみると、今までの古汚い洋服が、新しいものに変わっているのです。彼女はこの神秘に打たれ、暫くの間は、口も利けずに棒立ちになっていました。やがて我に返り、エミール師の母君の伸ばした両手の中に身を預けてそのままの姿勢でいましたが、エミール師が、二人を分けました。

突然、少女が両手を伸ばして、

「ごらんよ、ごらんよ。私の物が新しい物に変わっている」、と叫びながらエミール師の母君に向かって駆け寄って来たので、エミール師の母君は、かがんで少女を抱き上げました。少女は両手でエミール師の母君の首を抱き、自分の首を肩に寄せました。

隊長は、ちょうど母君の後ろにいたので、少女は母君の肩越しに手を伸べ、顔を上げて嬉しそうに隊長に微笑みかけました。隊長が寄って来て、両手を出すと、それを握り、

「私はみなさんが好きです。でも、この方（エミール師の母君）が、一番好きです」と言いました。

エミール師は、父親を探しに行ってくると言って出ましたが、暫くすると、怯えて、半ば不機嫌な顔をした父親を連れ戻して来ました。しかし、その不機嫌な顔色の下には、深い感謝がこもっていました。

私たちが、帰り支度をして辞去しようとすると、母親は、

「どうか、もう一度来てくださいませんでしょうか。明日もう一度会ってください」と言いました。

イエスと仏陀は聖なる真理、人間の偉大な可能性を自分の上に実現してみせた

村長宅でのパーティーを待たせすぎてもいけないと思い、少女の家を出て、村長の家へ急ぎました。

もう何時間も経ったように思われましたが、実際には30分そこそこでしかなかったはずです。いずれにしろ以上の出来事を書くだけの時間よりも短いことだけは確かです。

先発した一行がちょうど席へ着くところへ、私たちは到着しました。別の探検隊長が私たちの隊長の傍に座りたがったので、座席がそのように用意されました。

彼が興奮しているのは、誰の目にも明らかでした。あんなことを目撃して、ひどく感動した以上、黙っていられないのも無理はないと、私たちの隊長も後で話していました。

席順は、テーブルの上席に村長、その右にエミール師の母君、エミール師、美婦人、私たちの隊長、別の探検隊長、左へ私たちの女将、エミール師の子息とその妹さんという並びになっていました。

一同が着席すると、食事は極めて快適に進行しました。饗宴も半ばに達した頃、村長がバゲット・アイランドに、

「大きな村の村長さんが見えてから中断のままになっていた先ほどの話を続けてくださいませんか」と頼みました。

バゲット・アイランドは立ち上がって、

「実は、仏陀とイエスの生涯の酷似している点について、話し合っていたところです。みなさんが同意するなら、話を続けたいと思います。もっとも、主催者にも判るような言葉で話さないといけないでしょうが。というのは、ここでは話し手が聴き手の言葉を話せる限り、通訳はつけない習慣になっていますから」と説明しました。

ジャストが通訳の労を取ろうと申し出ましたが、村長は事情を呑み込むと、ほとんどの人が英語を話し、聞き取りもできるから、バゲット・アイランドがまず英語で話し、それをジャストが村長に通訳するようにと頼みました。

そこで、バゲット・アイランドは語り始めました。

「もしも、私たちの行い、業、想念すべてが、本当の神霊に備わる属性すべてによって支

配されているならば――イエスの言葉を借りて言えば、『聖霊汝らに来たらんとき』――一体人間の力は、将来どんな風になっていくでしょうか。この、『聖霊汝らに来たらんとき』というのは、神の力が、神の子たちの生活を全面的に決めるときのことを、イエスは言われたのです。それはまた、神が肉となって化身することです。このような霊的発展は、霊覚者や預言者たちの生活や教えを通して、大なり小なり現れているのではないでしょうか。

神から啓示を受けた――それゆえに神と人を繋ぐ――人生の真の理想をたゆみなく追求してきた人々が、人格を極めて高潔となり、魂はますます純化し、生活が一層道徳的となることは、誰の目にも明らかです。この先人の理想を自分の個性の中に織り込みつつその行動に従わんとする人たちが、先人と同じ境地に到達し得るなら、彼らの示した教訓や生涯は、すべての神の子たちの、未だ開発されていない可能性を予知させるものであることを、世界は最終的に認めるでしょう。

しかしながら、これらの先人たちでも、神がその子たちのために選んでおいた究極の完全な域に到達したと言い切る者は、一人もいません。なぜなら、イエスは、『我を信ずる者は、我と同じ業を為さん。されど我は父の御許に往く』と言ったからです。イエスも仏陀も、共に『天にましますたちの父が完全なるごとく、汝らもまた完全なれ』と、言いました。

かくのごとき神の子たちは、何も架空の人物ではなく、現にその生涯と業績は、歴史上の各時代を通じて、人々の生命と心の中に明瞭に語りかけています。

なるほど、彼らの生涯については、いろいろな神話や伝説が織り交ぜられていますが、その生涯や性格に関心を持っている人にとって効果的なテストは、まずその教えを受け入れて、自分の日常生活に応用してみることです。

この偉人たちが身をもって現した理念が、その人たちに限らず、あらゆる偉大な人々を支配した理念とまったく同じである事実は、その真実性を証明する一つの証拠でもあります。

もし誰かが、これら偉人たちの生涯に反論しようとするのであれば、偉大な宗教がいくつも存在する理由を自問すると良いでしょう。彼らは、人類の向上という、止むに止まれぬ本能そのものから、その礎《いしずえ》となるために、この地上に出現し、その足跡を刻み付けたことは、もはや間違いありません。人類を制約や束縛から解放するためにいかなる試みがなされようと、その生命や輝きは、この偉人たちには及びません。

この先人たちの生涯の記録は保存されているので、私たちが自分のハートを開き、無我の心になってその生涯と教えと理想を我が物にするなら、この方々の記録は、まさに汲めども尽きぬ参学と求道の正統な源泉となるでしょう。それ以外の方法では、この方々の生命に入り、その生命と一つになることは不可能です。このことを、世界の歴史始まって以来、あらゆる真の霊覚者たちは、教えて来ました。


これらの霊覚者のうち少なくとも二人、すなわちイエスと仏陀は、先覚者たちの教えた偉大な可能性を自分の上に実現してみせました。お二人は、ほとんど異口同音に、『我は、すべての者の道なり、真理なり、生命の光なり』と、言いました。その行動の神性なるがゆえに、お二人は、『我は世の光なり、我に従い、我が為したるがごとくに歩み且つ生きる者は闇を歩むことなく、永遠の生命を得、すべての制約から放たれて豊かならん』と、本当に言い得たのです。

お二人とも、ほとんど同じ言葉で、『これ故に、我は生を受け、これ故に我は世に来たれり、すなわち、真理の証しをする、真理に与《くみ》する者は、我が声を聞く――』と、言われました。これらの聖言は、すべての神の子たちに内在するキリストの生命を開顕することに直接与《あずか》って、大いなるパワーがあったに違いありません。

世界のすべての宗教や聖典は、人間に高度のパワーが内在することを啓示している

世界のすべての宗教は、五官に惑わされた自己限定から解放されようともがいている人たちの中に、実はより高度のパワーが内在することを啓示しているのではないでしょうか。諸民族の持つ各聖典は、この叡智の外的表現なのです。

あなた方の聖書にあるヨブ記は、あなた方のあらゆる歴史より古いのです。それは、実はこの国で執筆されました。民話がくっつけられたために、ほとんど汚されてしまいましたが、その神秘的意義は、いろいろな有為転変の中を守り抜かれてきました。

たとえすべての人間がこの地上から消滅しようとも、ヨブの神秘的言葉は尽きることはないでしょう。なぜなら、ヨブの執筆者は、いと高き秘所にあって、全能者の蔭にいて、全能者の知力を持つからです。

もう一つ私たちが知らなければならないのは、すべての聖典は、宗教から生まれ出るのであって、聖典から宗教が生まれるのではない、ということです。聖典は、宗教の産物であって、決して、聖典が宗教の淵源ではありません。宗教の歴史は、経験から出てきましたが、福音は宗教から来たのです。

あなた方の願望がなんであろうと、目的と努力を統合すれば、それが願望を実現するもっとも強力な手段となります。それが判れば、今までのように多くの人々が、それぞれ勝手なことを考えて引っ張り合うようなことはしなくなり、皆が一体となって考えるようになるでしょう。そうすれば、長く、強く、しかもみんな一緒になっていっぺんに引っ張るだけでどんなことになるかが判り、みなの意志が一つになって動き出せば、どんなことだってできることが判るでしょう。人間がみな、利己的で悪魔的な考え方を心の中から捨ててしまえば、ゴグとマゴグの闘いは止むでしょう。といっても、外なる神が止めてくださるのではありません。

イエスは、『我が言葉は霊にして生命なり』と言われましたが、それは、万物を創造する内奥の言葉に触れたのでした。イエスは、自分の言葉がイエスの望むものを作り出す生命の要素と動力に満たされていることを知っていました。このような言葉があらゆる国民と国家の魂の中に鳴り響くなら、神から流れ出る永遠なる生命の泉を手に入れることを知るでしょう。

また、心臓の真後ろにある、愛の玉座に座るキリストを見ることで、キリストを顕わすことができる人もいます。そのような人は、この玉座から、キリストが神の不変の法則に完全に従って、自分の肉体のあらゆる営みを統制すると観じ、且つ神の心から直接受けた理想を実現しようとしてキリストと共に協力している、と知ることです。

また、キリストが玉座にあって自分の肉体のあらゆる原子、細胞、筋肉および器官を拡大し、包含しつつあると観じることです。そうすれば、事実、キリストはあなた方の肉体の中で広がり、遂に全体が純粋なキリスト、すなわち神の一人子、また神が寛ぎ歓びて住む清純なる宮となります

そして、この玉座から全身の各神経叢《しんけいそう》に要求を発することができますし、自分自身が、積極的で、愛深く、たくましく、賢明にして恐れるもののない、自由な霊であることを、宣言することができます。

あなた方は、神霊が清浄であるように清浄です。いかなる俗世の思念も欲望も不純も、あなた方に近づくことはできません。純粋なキリストの霊が、あなた方に浸透しています。キリストにある生命の霊が、あなた方を清き神の宮たらしめます。

さあ、ここで一息いれてからこう言うといいでしょう。『すべての点について我に示し給える神よ、このことについても完全なる神の子、内在のキリストを我に示現し給え』と。その後、内なるキリストを祝福するのです。あなた方が、内在のキリストを悟りきったとき、手を差し出せば、あなた方の欲するもの、たとえばお金が出現するでしょう」

そう言いながら両手を出すと、驚くことに、彼の両手の中にイギリスの1ポンド金貨よりもやや大きめのコイン形の金が1枚ずつ現れました。それを左右の人々に渡し、それがまた次々と行き渡り、回されていきました(今でも私たちはそれを保存していますが、専門家に鑑定してもらったら純金だとのことです)。

地球のバランスを保っているものはハートの中の平静とパワー、そして愛という完全なる想念

「あなた方が他者を援助してあげたいという場合は、自分と同じように、その人たちの内にもキリストがましますと観じ、直接本人たちに話すように、その内在のキリストに語るのです。何かについて、もっとはっきり知りたいと思う場合は、その事物の見えざる魂に対して、内在のキリストから精神的に語ってもらい、そのものに内在する智恵自身に自らのことを語ってもらうのが良いのです。

神はその完全な計画を実施するのに、あらゆる植物、花、木を必要としますが、同様にまた、神の子たちをも必要とするのです。また、神の子たちにとっては、神の完全なる方法で協力することが必要です。

太古の昔、世界の均衡が破れ、大波の襲来によって、大多数の神の子たちが滅亡するに至ったのは、神の子たちが、この完全なる協力に離反したからでした。地球のバランスを保っているのは、神の子たちのハートの中にある、平静とパワーに加えて、実に愛という

完全な想念なのです。

ところが、この力を罪と色欲の想念に浪費してしまったため、地球のバランスは大きく崩れ、大津波が襲うところとなり、人間自らと人間の築きあげた文明が、ほとんど壊滅する羽目になったのです。

その頃の人間は、現代よりも遥かに進歩していました。神は人間の愛や憎しみの想念、落ち着いた想念や不安定な想念を統御するわけにはいきません。統御するのは、人間の側の役目です。

想念の力によって地球がバランスを失い、その結果、大地変が生じたのです。想念の力が大地変で使い果たされれば、神は大いなる力によって、地球を本来のバランスに回復させることもできます。しかし、人間の想念の力がまだ支配している限り、神にも回復は不可能なのです」

バゲット・アイランドは、こう語り終えると、席に着きました。

私たちの招待者である村長は、なんだか途中から落ち着きを失い、かなり興奮している様子に見えました。バゲット・アイランドが着席すると、彼の興奮は爆発し、大声で叫びだしました。それは、こんな意味でした。

「この犬め！　クリスチャンの犬め！　よくも私たちの仏陀様の聖名を汚したな。思い知らせてやるぞ」

そう叫ぶなり、天井から垂れ下がっている手近な紐を引っ張ると、即座に部屋の向こう側にある三つのドアがパッと開き、抜き身の刀を持った30名の兵隊が、どやどやとなだれ込んで来ました。

村長が席から立ち上がると、食事中、村長のすぐ後ろに付き添って立っていた衛兵二人が村長の側に進み出ました。村長が手を挙げて何やら命令を下すと、10名の兵士が前に出て、バゲット・アイランドの座っていた後ろの壁沿いに並列し、その中の二人が前に出てくると、村長の座っている椅子の両側に立ちました。

指揮官は、村長と衛兵二人から少々離れたところにやって来て、直立不動の姿勢をとっています。誰一人として一言も発することなく、身動き一つしません。情景のあまりの急変に圧倒され、他の人たちは、ただ座っているのみでした。

一条の強烈な光と共に現れたイエスと仏陀／他者を裁き断罪するのは、自分自身を裁くことである

そのうち、上から深い沈黙が降りて来たかのように、シーンと静まり返ってしまいました。

すると、激昂している村長の真ん前のテーブルの上座に、一条の強烈な光が現れ、パッと輝きました。

全員の目が、手を振り上げて次の命令を下そうとしている村長の顔に注がれました。ところが、彼の顔は灰のように蒼ざめ、恐怖の色がありありと浮かんでいました。

なんと、彼の面前のテーブルの上に、人の姿がぼーっと浮かんで立っているのです。

この人物から、極めて強烈な「止めよ」という声が明瞭に発せられたのが、みなに聞こえたのです。

しかもその声が、この人影と村長の中間に、燃えるような文字となって浮かび上がったのです。

村長にもそれが判ったらしく、釘付けになって、あたかも銅像のように硬直して立ちすくんでいます。


人影も、この頃には、明瞭な姿になりました。

それは、前にも拝したイエスの姿そのものでした。

ところが、驚いたことには、もう一人の人影がイエスの傍に座っていました。

村長と兵士たちがびっくりして見ていたのは、実はこの人影だったのです。

彼らには、この人形が、誰か判っているらしく、イエス以上に畏れているようでした。

人影がはっきりと姿を現すと、イエスの時のように、右手を挙げました。

その瞬間、兵士たちの手から、ガラリと音を立てて刀が全部床の上に落ち、部屋中に反響しました。静寂がそれほど深かったのです。光は、かなり明るさを増しているように思われ、あまりの明るさに目も眩むほどでした。


まず指揮官が、我に返りました。両手を伸ばすと、「仏陀様、仏陀様、我らの仏陀様」と叫びました。

村長は、「本当に『世尊様』だ」と叫ぶと、床の上にひれ伏してしまいました。衛兵の二人が前に出て、村長を助け起こすと、まるで像のように一語も発せず、身じろぎもせず、立ち尽くしてしまいました。

部屋の向こう側に並んで立っていた兵士たちからも、叫びが起こりました。我先にとテーブルの両側伝いにどっと押しかけ、「世尊様が、クリスチャンの犬たちとリーダーをやっつけるためにご来臨なさったぞ」と、喚《わめ》きながら、上座の方に集まってきました。そのため、仏陀はテーブルの上に戻り、彼らの顔をまっすぐに見て、片手を挙げて口を開きました。

「私が『止めよ』と言うのは、一度でもなく、二度でもなく、これで三度目である」
仏陀が言葉を発するごとに、それはイエスの時のように燃える文字となって空中に現れ、しかも消えずにそのまま留まっています。

そこに固まっていた兵士たちは、またも釘付けになったように、ちょうど仏陀が片手を挙げられた瞬間にめいめいがとっていた姿勢のまま、ある者は両手を空中に挙げ、ある者は片足を床から上げたまま、一点を凝視して立っていました。

仏陀はイエスの立っているところへ再び歩み寄り、イエスの挙げている腕の下に自分の左手を置いて、こう言われました。

「何時もそうだが、今回の場合も、私は愛するこの兄弟の挙げている手を支持する」

右手をイエスの肩の上に置き、しばらくそのままの姿勢で二人は立っており、やがてテーブルの上から軽々と降りられました。

一方、村長、指揮官、衛兵と兵士たちは後ろに倒れ、顔には血の気一つなく、ただ二人をじっと見つめるだけでした。村長は部屋の壁に押しやられていた椅子にへなへなと沈むように座り込んでしまいました。みんなから、ホッと安堵の息が漏れました。この情景が展開した数分間に、まともに呼吸できた者は、ほとんど一人もいなかったはずです。

仏陀は、イエスの腕に、ご自分の腕を組み、二人で村長の面前に歩み出ました。仏陀は壁から跳ね返るかと思われるほどの強い語気で言いました。

「私たちの愛するこの兄弟たちを、束の間とはいえ、どうしてキリストの犬などと呼ぶことができるのでしょうか。あなたは僅か前に愛する弟のために助力を乞うた少女を無慈悲にも払い除けました。しかし、この愛する偉大な魂は、少女に振り向き、その頼みを取り上げてくれたではありませんか」

ここで仏陀は、イエスの腕を外し、くるりと向きを変えて、エミール師の母君の方を向くと、手を伸ばして歩み寄り、さらに向きを変えて、村長からエミール師の母君まで見渡せる姿勢を取りました。

仏陀は明らかに心を動かされた様子でした。

村長を見据え、言葉を投げつけんばかりにして、続けてこう言われました。

「あの愛すべき子供の頼みに、誰よりもあなたが真っ先に応えてあげるべきだったのに、その義務を忌避し、逆にその頼みに応えた人をクリスチャンの犬と呼ぶ。一瞬前には、痛みに身を苛《さいな》まれ、身をよじらせて苦しんでいたのに、今はすっかり癒えている少年の姿を見てくるがよい。この愛すべき人たちに押し付けて来たあばら家――あなたもその責任の半ばは免れないのだ――も、今は住み心地良い家となっている様子を見るがよい。（エミール師の方を向きながら）この愛すべき魂の人が抱き上げた少年の肉体が、それまで置かれていた悲惨な汚物とボロの山を見よ。エミール師が少年をどんなに優しく抱き上げ、清潔で綺麗な寝椅子の上に置いたかを考えてみよ。あなたや他の者を傷つけたこともないこの人々を、どうしてクリスチャンの犬どもなどと、よく言えたものだ。それでいて自分自身のことは、仏陀の信奉者、寺院の長などという。恥を知れ、恥を！」

一つ一つの言葉が、あたかも村長や椅子や周囲のカーテンに当たっては、跳ね返るかと思われるほどの語気でした。

その剣幕に、村長は震えあがり、カーテンも、強風に吹かれてでもいるかのように翻りました。通訳の必要など関係ありませんでした。村長にも通訳の必要はありませんでした。仏陀の言葉は、最もシンプルな英語で話されたのですが、村長にも完全に理解できたのです。

仏陀は、先ほど金貨状のものを1枚ずつ手にした二人の間に寄って来て、見せてごらん、と言いました。二人が手渡すと、それを仏陀は開いた掌の中に置き、村長の所に戻って、こう言いました。

「両手を出してごらんなさい」

村長は、言われた通り、両手を出したものの、ひどく震えているために、伸ばすことはできませんでした。仏陀が両手に一枚ずつ金貨状のものを落とすと、その瞬間に消えてなくなってしまいました。

「お判りですか。純金でさえ、あなたの手からは飛んで行ってしまう」

2枚の金貨状のものは、最初にそれを受けた二人のテーブルの前に落ちました。

村長の差し伸べた両手の上に、仏陀はご自身の両手を置き、今度は優しい静かな声で話し出しました。

「兄弟よ、恐れなくても良い。私はあなたを裁きはしない。あなたは自分で自分自身を裁いているだけである」

村長の両手を持ったまま、静かに立ち続けていると、暫くして村長の震えが止まりました。そこで両手を離して、

「あなたは、刀をもって攻撃するのも早いが、自分の誤審を正すのもまた早い。しかし、他者を裁き断罪するのは、実は自分自身を裁き断罪することであるということを覚えておくがよい。真理を知っているイエスと私は、共通の善と全人類への兄弟愛を共に代表しているのである」

と言いながら、イエスの傍に戻って行き、再びイエスと腕を組み、「兄弟よ、あなたの担当であるこの案件をすっかりあなたから取り上げた形になってしまったが、今これをお返しします」

と言うと、イエスは、

「お見事でした。御礼の言いようもありません」と答え、お二人は向き直って一礼して歩きだし、閉まっているドアをそのまま抜けると、姿が消えました。

「偉大なる仏陀」と「天上の方イエス」へのお詫び

その途端、残っている人々の話し声で、部屋の中は喧騒を極めました。

指揮官、村長、兵士など、それから衛兵一同が、私たちの周りにどっと集まってきて握手をし、みんながそれぞれ釈明しようとしました。

村長がエミール師に何か話すと、エミール師は、片手を挙げて、沈黙の合図をしました。ある程度静かになると、すぐ村長が、私たちにもう一度着席していただきたいと希望している、と伝えました。

一同が再び着席し、静かになると、テーブルの周りと村長の椅子の後ろには、指揮官がもう兵隊を整列させていました。

村長がおもむろに立ち上がると、エミール師を通訳にして話し出しました。

「今さら申すまでもないことですが、先ほどはどうも、熱心のあまり取り乱してしまいました。今は心から恥じ、また、それ以上に残念にも思っております。私の心の変化は、私のこの態度で判っていただけると信じます。何卒《なにとぞ》、兄弟バゲットにご起立いただいて、私の心からのお詫びを受けていただきたいと思います。みなさんもまたご一緒にご起立してくださいませんか」

そこで一同が起立すると、

「みなさん、何卒私の心からのお詫びをお受けください。同時に改めて、みなさんを心から歓迎いたします。もしお望みであれば、いつまでも私たちのところにご滞在ください。また、軍隊の護衛がお望みの場合は、もっともあまりお望みのようでもありませんが、私もここにいる指揮官も、いつでもみなさんのお役に立つことを、大変光栄に思います。今のところは、これだけしか、申し上げられません。

そうそう、みなさんがお引き取りになる前に、申し上げておきたいことがあります。それは、私の持っているものは、すべて皆さんのお役に立てていただきたいということです。では、一同敬礼。兵士たちが、宿舎までお送りします。では、お休みを申します。『偉大なる仏陀』『天上の方』の名において、もう一度サラームの挨拶を申します」

一方、指揮官は弁解しつつ、

「きっとみなさんは、『天上の方』と同盟していらっしゃるのですね」

と言いながら、五名の部下を引き連れて、宿舎まで送ってくれました。

この兵隊たちが帰るときは、指揮官を囲んで円陣をつくり、指揮官の剣先と兵隊の剣先を触れ合わせ、私たちに挨拶すると、素早く方向を変え、パッと帽子を脱ぎ、片膝を地に触れながら、非常に深いサラームをしました。

こういう儀礼は、大きな国家的行事の時だけにするものだそうです。私たちも、精一杯の儀礼で挨拶をしました。こうして、彼らは帰って行きました。

私たちは、家の中に入り、お客や主人に暇乞《いとまご》いをして、自分たちのテントに行く準備をしました。というのは、客人一行の人数が多すぎて、休息所には収容しきれないので、私たちのテントを家の後ろの囲いの中に張っておいたのです。

テントに着き、リーダーが寝台に座ると、

「いやー、とても疲れた。しかし、なにか悟らないことには寝られない。予告しておくが、私は何か悟りを開くまでは、夜通しここに座っているからね。今晩のことは、もう表面的なところを通り越して、骨身にまで響いたよ。しかし、君たちは、座ったまま一言も喋らない。悟ったみたいじゃないか」

と言うので、何しろこんなことに遭遇するのは初めてだから、我々も隊長も理解の程度は互角です、と答えました。誰かが、

「あれは、我々のために特別のお芝居をしたんじゃないか」

と言い出すと、リーダーはその男に摑みかからんばかりに、

「お芝居だって？　あの人たちにあんな芝居ができるなら、誰だって、週給100万ドルも支払うよ。それに、あの村長を見ろよ。あの男が芝居をしていたのなら、私の首でもやる。あの男は、本当に、完全に怯え切っていたじゃないか。

正直なところ、私だって、あの男同様、暫くは震えあがっていたんだからな。ずっと後ろのどこかで誰かが、あの男が熱烈な歓待のお芝居を我々みなのためにやらせたんじゃな

いかと、ブツブツ言っているが、あの爆発的な激昂は、バゲット・アイランドだけが原因じゃないんだ。

あの兵隊たちが、どっと押し寄せてきたときの声は、勝ち誇った様子に満ちていたじゃないか。私の考えに間違いがなければ、彼らは、我々の思っている以上に真剣にやっていたんだ。だから彼らは、一時は仏陀が助けに来てくれたと思いこんでいたんだ。ところが、筋書きが思惑とは違うことが判ると、体もへなへなになり、刀まで落としてしまったじゃないか。それに仏陀のお力はたいしたものじゃないか。仏陀がお言葉を村長に投げつけた様を見てごらん、仏陀はイエスよりもずっと強力に見えたね。それでも、助けが必要だったのは仏陀の信奉者たちで、この出来事に関しては、私たちがいい思いをしたな。

しかし、村長はこれで一段と男が上がったんじゃないかな。大将今頃までには、きっと自力で壁を越えたぐらいに思ってるよ。仏陀が彼の両手を握ったとき、私は、あの男がまさしく自分の古い殻を破ったような印象を受けた。私の感じ方に間違いがなければ、明日までには、あの男について、いろんな噂が聞こえてくるはずだから、みててごらん。しかも、間違いなく、良い噂だ。何しろ、彼はこの地方の権力者だからね。彼が素晴らしく飛躍していれば、私は彼の部下の一兵卒になったって構わないよ」

こんな風に自分たちの見解を語り合って、時間の経つのも知らぬうちに夜が明け始めました。隊長は立ち上がって、両手を挙げて伸びをしながら、

「こんな時に寝てなんかいられるものか。君たちの話を聞いていると、眠れそうにない」

朝食にはまだ1時間あるので、その間一休みしようと、私たちは着のみ着のまま横になりました。

第14章

僧院長とラマ僧たちとの親交

夢幻の中から現実化し突然「出現した」新しく美しい家へ

その朝、朝食の知らせに真っ先に飛び起きたのは、隊長でした。まるで張り切った小学生みたいに、大急ぎで洗顔を済ませると、一同を急き立てはじめました。

ようやくみんなが朝食に出てみると、エミール師とジャスト師がいました。隊長はつかつかと二人の所へ行くと、その間に座って、食事の初めから終わりまで、いろいろな質問をしました。

食べ終わるとすぐに食卓から立ち上がりました。彼の表現を借りて言えば、15分そこそこで出現した例の家を、急いで見に行こうというのです。

ジャスト師の両肩に手を置いて、

「私に、エミール師やエミール師の母君のような方がいれば、あちこち歩き回って貧乏な人々のために家を出現させてやったりして、どんなに楽しいことでしょうね。もっともそうなると、ニューヨークの家主たちが半病人になるかもしれませんね。私たちから家賃を取り立てて生計を立てているんだから」

エミール師は訊ねました。

「そういう人たちが、もしあなたが家を『出現させる』のを邪魔したら、どうしますか?」

「そうですね。それでもやはり、私は家を出現させたいですね。私が家を出現させて、住人がどうしてもそれを使うのが嫌だというなら、彼らを捕まえて、出現させた家の中に入れて、鎖で繋いでおきますよ」

と答え、大笑いになりました。

こんな冗談を繰り出すまでは、実のところ、私たちは隊長を物静かな万事控えめの人物と思い込んでいたのですが、この摩訶不思議な出来事を目の当たりにしてからというもの、気持ちに張りが出て、何かと質問せずにはいられなくなった、というのが、彼の後日談でした。

彼は世界で一番辺鄙《へんぴ》な土地もよく知っていますが、今度の探検はこれまでの全生涯の中で、遥かに興味のある探検で、いずれ第二の探検隊の編成に加わって、この大師のご指導の下に、発掘事業を続けたいと言っていましたが、その後急死したために、実現せずじまいでした。

ところで、件《くだん》の少女の新しい家を見に行くというのを止めようとしても、なかなか聞き入れないので、結局私たちが妥協してジャストの他にもう一人が現場までついて行くことにしました。

30分後に一行と共に帰ってくると、彼ははしゃいでいました。美しく変貌した家はそのまま現実に建っていたのです。

彼が少年時代に見た夢幻が活き活きと呼び戻されたのです。妖精たちと一緒に歩き回って、美しい人々に家を建てて喜ばせてあげている自分の姿が見えるようだと、彼は語りました。

それで私たちの隊も見に行こうということになったのですが、あまり人数が多いため、いっぺんにはひと塊にならない方が良いというので、五、六名ずつのグループになって行くことにしました。

第1のグループは、エミール師と隊長、女性たち一、二名に私というメンバーで、女性としてはエミール師の母君と女将が加わることになりました。

歩いて行くうちに、問題の家の見えるところまで差しかかりました。

例の少女が私たちに気づき、小走りに駆けてきて出迎えの挨拶をし、エミール師の母君の腕に身を預けました。

「弟はもう丈夫で元気になりました」

家に着くと、母親が出て来て、エミール師の母君の前にひざまずき、

「あなた様を心の底から崇めます」

と言うと、エミール師の母君は、手を差し伸べて彼女を起こしました。

「私にひざまずいてはいけません。私は、誰にでもすることを、あなたにもしただけです。あなたの受けた祝福は、私のお蔭ではありません。だから、私を讃えるのではなく、『偉大なるお方』を讃えるのですよ」


私たちは、婦人たちに従って行きました。

女将が通訳の労をとってくれました。問題の家は、紛れもなく、ちゃんと建っていました。部屋も四つあり、住み心地も満足が行くものでした。

しかし、この家の周囲三方には、世にも惨めな陋屋《ろうおく》が建っています。その陋屋の住人たちは、よそへ移転するそうです。というのは、彼らは、この家が「悪魔の家」で、ぐずぐ

ずしていると、自分たちの家までぶち壊されるに違いない、と思い込んでいるらしいのです。

教育レベルの高いラマ僧たちと結ばれた強い絆

そのうち、村長から連絡が来ました。その日の午前11時に数名の兵士を率いた選抜隊の隊長が村長に遣《つか》わされて、当日の午後2時の昼食に私たち一同を招待するというので、受けることにしました。

約束の時間になると、私たちを村長の家まで護衛する役目の衛士が一人ちゃんと待っていました。この国の交通機関が発達していないことは、読者諸氏には、すでにお判りでしょう。そこでやむなく、私たちは、ありあわせの唯一の交通機関、すなわち徒歩で行くことにしました。

さて、村長の家に着いてみると、近在の僧院から、僧院長をはじめ数名のラマ僧が先着していました。

その僧院は1500人から1800人のラマ僧を擁しており、かなり重んじられています。村長は、実はこの僧院の指導的僧職にある一人だったのです。

私たちは、きっと活発な話し合いがあるものと予期していましたが、実はこの昼食は、私たち隊員に近づきになることだけが目当てのものらしいのです。エミール師たちはこの僧院長とは度々会い、仕事も一緒にしたことがあるそうで、非常に親しい様子でした。このことは、村長も朝まで知らなかったようです。

僧院長は、3年ほど僧院を留守にしており、私たちがこの村に到着する、ちょうど前の晩に帰院したというので、無理もありません。

料理が次々と運ばれてくるうちに、このラマ僧たちの教育レベルが高く、人生に対しても視野の広い見方をしていて、旅行も頻繁で、二人のうち一人はイギリスとアメリカに1年もいたことなどが、判りました。

昨晩の出来事を村長から聞くと、食事が済むまでには、一層親近感を寄せてきました。村長も話し合ってみると、非常に気心の良い人間で、昨晩のことにも1度だけ触れましたが、あの一件から大いに悟りを得たと言及しました。その時までは、実は内心すべての外国人を嫌っていたと正直に打ち明けてくれました。

話のやり取りは、全部通訳を通してせざるを得ないわけですが、これはどうも、相手の心中を深く知りたい場合には、あまり都合が良くない方法です。

　昼食も終わり辞去しようとすると、僧院に一度来て一晩泊まってゆくようにと、懇《ねんご》ろに招待してくれるので、エミール師の勧めでそれを受けることにしました。

　翌日も彼らと一緒に過ごしましたが、大変楽しい有意義な一日でした。このラマ僧の長は、極めて卓越した人物で、以来、彼と私たちのチーフとの間の友情が始まり、年と共に熟して、後には一生を通じて兄弟のような親交を結ぶに至ったのです。

　また、私たち隊員に対しても、後になって隣接の地方で調査を続行した際、今までにないほどの貢献をしてくれました。

第15章

霊群を支配する超パワー／視力を失った女性も癒された

少女の心のあり方を通して、エミール師の母は貧しい一家を救った

エミール師の話によると、その晩は、昨年師の郷里で私たちが出席したのと同じ集会が開かれるとのことでした。私たちも全員招待されているというので、大いに喜んで招待に応じることにしました。

前述の少女も一緒に連れて行ってくれと頼んでいたので、定刻直前に、エミール師の母君と私たちの三人で彼女を連れて行きました。彼女の家から集会所へ行く途中、5、6軒の荒れ果てた泥小屋の前を通ると、一軒の小屋の前で少女が立ち止まり、「この中に、目の見えない女性が一人います。もしその人も一緒に行きたいというなら、一緒に連れて行っても良いでしょうか」とエミール師に聞くので、師は承諾しました。

少女は戸を開けて小屋に入り、私たちは外で待っていました。

ほどなくして少女は戸口に姿を見せましたが、女性が怯えているため、エミール師に来て欲しいと身振りで合図するので、師は戸口まで行って、なにかしら少女とちょっと話をしてから、二人一緒に中に入って行きました。

その時、エミール師の母君がこう話しました。

「あの娘は、やがてこの土地の人々の役に立つ力となるでしょう。というのは、あの娘には、いったん計画したものは、必ずやり遂げる能力と決断力があるからです。

今度のことは、あの娘の思い通りにやらせてみることにしました。直接私たちがあの娘に指図をしたり手伝ったりすることもありますけれど、それはそうした方が、あの娘に自信がつくという場合に限ります。この娘が、あの女性をどんな風にして集会に出席させるか、まあ見てみましょう。

この人たちの私たちに対する恐怖心は信じられないほどです。この人たちが、あの娘のような家をなんとか手に入れられるようにして欲しいと、ドッと押しかけて私たちを取り囲むだろうと、あなた方はお思いでしょうが、却ってこの娘の家の近くから引っ越していった人が大勢いるんですよ。それだけに、この人たちの気持ちに、私たちは非常に注意しなければならないのです。あの愛する親子にしたように、この人たちもこんな環境から救出してあげたいのは山々なんですが、私たちが、ちょっとでも近づこうとすると、サッと逃げてしまうんです」

それでは、あの娘と両親を、どうやって救えたのかと訊くと、

「それは、あの娘の態度を通じてやったのです。あの娘の心のあり方を通して、私たちは、あの人たちを救えたのです。

あの娘は、あの家のテンプ（訳者注＝時計の心臓部で秒を刻むための部品）みたいなもので、あの娘を通じて、私たちの救いの手が、この愛する魂や、また、ここ（周囲の小屋を指しながら）にいる多くの魂たちに届くのです。こういう人たちをこそ、私たちのハートに近づけてあげたいのです。あの娘の家を出現させてあげたのも、決して無駄ではなかったと思います」

ここまで答えたとき、エミール師と少女が出てきました。

家の中の女性は、支度する間少女に待ってもらって、後で少女と一緒に出席するということなので、二人を残して、私たちは先へ進みました。

集会所に着いたときには、ほとんどみんな揃っていました。その夜の主な演説者は、僧院長だそうです。エミール師は、このラマ僧とは、約18か月前に会い、その折、二人の間に温かい友情が芽生えたそうです。

25年間見えなかった女性の目が突然見えるようになり、衣服が新しいものに変わった

この集会は、かねてから計画されたもので、私たちはこのラマ僧から、この機会に是非と誘われて出席したのです。私たちが砂漠で夜営した最後の日に、このラマ僧が訪ねて来たのは、実はこのためだったのです。僧院長の次の位が、村長の位だそうです。

エミール師の話では、僧院長と村長は、あの時以来、親密な間柄となり、この二人のように高い地位に就くということは、滅多にないのですが、二人は、自然と出世の波に乗っていったそうです。

ところで、イエスと仏陀がはっきりと姿を現して、指導してくださったのは、前回で3回目だそうで、私たちがちょうどその状態を目撃したのを、お二方は喜んでいる様子でした。その時のことを、お二方は、それで一段と自分たちの株が上がったなどとは考えている様子はなく、これらの人々と協力して働けるチャンスとみているようです。

このとき、件の少女が、目の見えない女性の手を引いて入って来ました。少女は部屋の

後ろの隅の方に、この女性のために席を見つけました。女性が座ると、少女はその前に向かって立ち、女性の両手を持って、小声で話しかけでもするように、女性の目の前に暫くかがんでいました。

やがて体を起こすと、女性の手を離し、自分の小さな両手を女性の両目の上にかざして、2、3秒そのままにしていました。これが、僧院長はじめ、室内一同の注意を引きました。

一同が立ち上がって、少女と女性に注目していると、僧院長が小走りに二人の元に行き、少女の頭に按手《あんしゅ》しました。すると、少女の体が目に見えて震えだしましたが、少女は姿勢を崩しませんでした。三人とも、暫くはそのままの姿勢でした。少しして、少女が両手を離すと、嬉しそうに大声で言いました。

「さあ、あなたはもう盲目ではありませんよ。見えるんですよ」

そう言って、女性の額に唇をつけ、向き直って隊長の所にやって来ました。

しかし、少女はいくらか戸惑っている様子でした。

「私、あなた方のお国の言葉（英語）で話していましたが、どうしてそうなったんでしょう。それに、あの人は、もう目が見えるのに、どうしてそれが判らないんでしょう。もう見えるのに」

私たちは、改めて女性の方を見直しました。

彼女は立っていました。僧院長の僧衣を両手で摑んで、土地の言葉で話し出したのです。

「ああ、あなたが見える、見える」

今度はキョトンとした様子で部屋を見回し、「みんなが見える」

僧院長の僧衣を両手の中に顔を埋めて、沈むようにして椅子に座ってすすり泣きながら、言いました。

「見える、見える、……でも、みなさんは大変綺麗にしていらっしゃるのに、私だけ汚い恰好をして……。お願いだから、私を帰してください」

すると、エミール師の母君が前に出て来て、女性のすぐ後ろに立つと、両肩に手を置きました。

僧院長も両手を挙げましたが、誰一人、一語も発しませんでした。

ほとんどその瞬間、女性の衣服が清潔で新しい着物に変わってしまいました。女性は立ち上がると、ぼう然自失の態であたりを見回しました。僧院長が、

「何を探しているんですか？」

と聞くと、

「私の古い着物です」

「古い着物なんか探さなくていい。あなたは、綺麗な新しい着物を着けているんだからね」

彼女は、まるで狐にでもつままれた様子で暫くは突っ立ったままでしたが、やがてその顔に微笑みの光が射し、深々と頭を下げると、静かに腰を下ろしました。

この女性はかつて盗賊団に襲われたことがあり、その時、賊の流れ弾丸によって目がつぶれ、以来25年以上も見えないままだったそうです。

この情景に一同の興奮は高まり、私たち一行も周囲に集まりました。

リーダーは、みんなをかき分けて少女に近づくと、何やら低い声で言葉を交わしていましたが、後の彼の話によれば、その少女は、英語で流暢《りゅうちょう》に話していたそうです。今までは、方言による話は、女将が通訳にあたっていたのです。

誰かが着席を勧めてくれたので、私たちが座席に戻ると、癒された女性が立ち上がり、自分の傍に静かに立っていたエミール師の母君にお暇したいというので、少女が寄って来て、

「私が、一緒にお家までお送りしましょう」

と申し出ました。

そこで、僧院長が女性に住所を聞くと、そんな汚いところに帰ってはいけないと止めました。しかし少女は、自分の家に泊まってもらうからと言って、互いに腕を組んで出て行きました。

さて、一同が着席すると、何処からともなく料理が現れ、まるで見えない手で置くように、テーブルの上に置かれました。

流石《さすが》の僧院長もビックリして、思わず辺りを見回しましたが、やっぱり次から次へと出てくるので、右手に座っているエミール師の母君に、

「こんなことは今までに見たこともないが、あなた方の場合は、いつもこうなんですか」

と聞き、説明を求めるかのように、私たちに通訳していたエミール師を見ました。

エミール師は、

「私たちには、あの目の見えない女性を癒すときに使った同じパワーを用いて、必要なものを出すことができます」

と、説明しました。

僧院長は、まだ充分に納得がいっていないようでしたが、食事がかなり進むまでは、何も言いませんでした。

普遍、久遠、無限の全体は一者より出て、また一者に還る

やがて、頃合いを見計らって立ち上がると、僧院長は、ジャストを通訳として話し出しました。

「私は、およそ人間としてここまでなら理解できると思われる限度を超えて、自分は理解できると信じています。私は、これまで全生涯を僧団の中で過ごし、兄弟たちに奉仕してきたと思ってきましたが、実は兄弟よりは、自分の我の方に遥かに余計奉仕してきていたことに、今気がついた次第です。

今宵こそが、この兄弟愛が、大きく拡大したときでした。それにつれて、私のビジョンもまた拡大しました。私たちが、これまでどんなに偏狭な生き方をしてきたか、また、兄弟以外の人々をどんなに軽蔑してきたかを、たった今、悟らせていただきました。このビジョンのお蔭で、あなた方も私たち同様、尊い存在であることを悟らせていただきました。

ビジョンのお蔭で、悟りが開けたことは、なんという天上の歓びでしょう」

　ここで彼は、両手を半ば挙げて、話を区切りました。

驚きと歓びが満面に広がりました。そのままの姿勢で暫く立っていましたが、やがて再び語りだしました。

「これは不思議だ。あなた方の言葉で話ができるし、また、話さずにはいられない。しかし、それができないはずはなかったんだ。人間の表現力には限りがないとあなた方は言われたが、その意味が、今判ります。本当にあなた方にも判るように直接話ができます」

　ここでまた、彼は想念の糸をたぐるかのように一瞬言葉を切りましたが、今度は通訳の助けも借りずに語りだしました。英語で話をするのは、これが初めてだったと、彼は後に述懐しました。

「あなた方自身の言葉で直接あなた方に話すことができるというのは、なんと美しいことでしょう。ビジョンが拡大したお蔭で、今ではなぜ人々が自分の兄弟たちを敵とみなすかが不思議でなりません。我々はみな、同じ家族、同一の根源、同一の原因から出たものに違いないことは、明白です。それなら、みなを収容する部屋がもともとあったことにならないでしょうか。ここに一人の同胞がいるとして、我々と違ったものの見方をするからと言って、彼を滅ぼさなくてはならないと、なぜ我々は言わなければならないのでしょうか。

今になって判ったことですが、私たちは、人のことに干渉してはならないのです。なぜなら、もし干渉すれば、我々は、自分自身の発展を遅らせ、孤立するだけだからです。そうなれば、我々の家は、自分自身の頭上に崩れ落ちてしまうでしょう。今、私は見る。有限なる人種の代わりに、普遍、久遠、無限の全体を。全体は一者より出て、また一者に還るのです。

各人の中にアルケミストの純金、いと高き者の叡智が実在する

あなた方のイエスと我々の仏陀は、同じ真理の光によって生涯を送ったことが判ります。同じ光の中に、同じ光によって生涯を送る他の人々同様、お二人の生涯は、一なる者に融合するに違いありません。その光が輻輳《ふくそう》するところが、私には判りかけてきました。

水晶のように澄明な光が、私の上に注がれています。人間というものは王位までも昇れはしますが、昇ってしまえば、自分の兄弟たちも自分同様、王位にまで昇れるとは思わな

いものです。自分だけが王者となり、兄弟を自分の奴隷にしたがるものです。

ところで、あの少女は、なぜ自分の手を、あの目の見えない愛すべき女性の目の上に置いたのでしょうか。それは、より多くの知識があってしかるべき私よりも、あの娘の方が、より深いところを観ていたからです。今になって、それが判ったのです。それは、あなた方のいわゆる『強い愛』というものです。

それは、イエスと仏陀を共に出現させ、相並んで立つに至らしめた原動力です。

最初私には、それが不思議でした。しかし今では、もう何の不思議もありません。あなた方全員を受け入れても、決して害のないことが判りました。あなた方を受け入れれば、あなた方の良い所も我々のものになるし、ただ我々の利益になるばかりです。あなた方をいつも守っている力は、同時に我々をも守ってくれるのです。私を守る武器は、また、同じようにあなた方をも守るのです。あなた方と私を守ってくれるのなら、みなをも守るはずです。いや、あなた方とか私たちとかいう境界線は、もう消えてしまったのです。

なんという天来の真理でしょう。あなた方の言う『世界は神の世界だ』という考え方も判ります。遠い国も、近い国もみな神のものなのでした。遠い国、近い国を、いっぺんに見るならば、みな同じものでしょう。我々は、自分だけの小さな世界に取り囲まれた一か所に閉じこもり、この小さな世界の外側に、全世界が広がって我々を取り巻いており、我々さえ承知なら、この広い世界が援助してくれることを、今まで知らなかったのです。しかもそのうえ、神がありとあらゆるものを取り巻いているのでした。受け入れ態勢のできている者にドアは開け放たれる、と言われた聖なる兄弟のお考えが、今になって判ります。

人は耳を貸すだけでなく、自分の口で言っている通りの人間にならなければならない。自我を沈めたとき、初めて人間はみな兄弟であるという実感に浸るものだと言われています。いつまでも後世に残るのは、美しい言葉ではなく、その人の行為です。他人の信条もそうですが、自分自身の信条もまた、進歩の道の妨害になるのです。

各人がそれぞれ、我こそはと、いと高きものの恩寵《おんちょう》を得たりと自称し、あわよくば他のものを解体破壊して、己のものだけを取りあげようとする。エネルギーは、破壊にではなく、全体を統合するためにこそ用いるべきでした。

いと高き者は、一つの生命から、地上初の国民を造ったのでした。めいめいの考え方や教えと、人間みな兄弟であるという真理の、いずれを選ぶべきか、今やその選択の時機が、私たちに来ているのです。
教条や信条というものは、こうあって欲しいという人間の願望に過ぎません。山をも動かす信念は、まだ設計図という種子の中にまどろんでおり、高き所と壮大なるものとは、今なお、人の到達を待っています。奇跡の法則の前に啓蒙の法則が先行しますし、また、してきたのです。その啓蒙の法則とは、すなわち愛という、より高き法則であり、愛とはすなわち、生きとし生けるもの、悉《ことごと》く兄弟であるということです。

各人にとって必要なことは、めいめいの宗教の根源に立ち還ること、虚構の解釈を残らず取り去り、あらゆる身勝手さを捨てることだけだったのです。**各人の中にアルケミストのいわゆる純金、すなわち、いと高き者の叡智が実在し、それはあなたの中の神であると同時に、私の神でもあり、決して各人別々の神ではなく、唯一神であることが判るようになるでしょう。**

そしてその神は、燃える林の中からモーセに語った神であり、父なる神の命じた業を為すために苦難しているとき、祈りによって霊群を召喚することができるとイエスが語られた神、獄舎から放たれるとき、ベテロの祈った神と同一の神なのでした。神に生涯を捧げる聖同胞団（Brotherhood）の中で協調して働く人々。そのような人々を助けるためなら、強大な力を召喚できることが今判りました」

津波を鎮め、風を支配し、群衆を統制する驚嘆すべきパワー

ここまで語ると、僧院長はコップを掲げ、暫く掌の中に持っていました。まったく身動きもせずにそのままじっとしていると、あっという間にコップが砕け散り、塵と化してしまいました。

それから再び語りだしました。

「エリコの町近くに寄せてきた軍隊は、今お目にかけたこの力を知っていたので、ラッパを吹くと町の城壁が崩れたし、パウロもサイラスもこの力を知っていたので、牢獄から脱出できたのです」

ここで再び、一語も発せずに、暫く沈黙のまま立っていると、建物が揺れ動き、電光がはためき、約1マイル（1・6㎞）先の山腹から巨大な岩石が二つ、下の谷底に転がり落

ちていきました。

村民は驚愕して、屋外に飛び出しました。私たちも、飛び出したい衝動に駆られましたが、暫く抑えていると、建物が酷く揺れました。そこで彼が手を挙げると、すべてがまた静かになりました。

彼の話は続きます。

「神にこのような力があり、真の神の子たちもこのような力を使用できると判れば、陸軍も海軍も、何の役に立つでしょう。子供がアザミの綿毛でも吹き飛ばすように、軍隊など軽く追っ払ってしまえます。巨大な軍艦をもってきても、このコップのように融かしてしまうこともできるのです」

そこで、コップのなれの果ての塵を置いてあったお盆を持ち上げて、塵に軽く息を吹きかけると、パッと燃え上がり、完全に消えてしまいました。

「これらの業を成す軍団は、あなた方の仕事や私の仕事をするために来るのでもありません。人間をその道具として使うために来るのでもありません。

人生のあらゆる場面における達人として仕事を進めていく上で、この軍団を招集することにより、私たちは自らを励まし、支え、癒すことができます。

このパワーによって、人は津波を鎮め、風を支配し、火事を消し、群衆を統制することができます。この霊群を支配する程度に応じてのみ、人は彼らを使用し得るのです。人類のために使うこともできれば、神に協力する人とは、どんなものかということをよく納得させるために使うこともできます。

神性を顕現したうえで、この霊群を招霊できる人は、その結集されたパワーは、ただ人類への真の奉仕のためにのみ用い得ることを、確実に知っています。なぜなら、そのパワーは彼自身を保護してくれますが、破滅させ得ることも知っているからです」

ここで少々区切ると、両手を伸ばし、慎重で敬虔《けいけん》な口調で祈りました。

「父なる神よ。今宵《こよい》これらの愛する兄弟たちと共にあることは、私どもの大いなる喜びでございます。真心と謙虚さをもって、『御心の成らんことを』と、お祈りいたします。私どもは、この方々を祝福します。この方々を祝福することによってまた、私どもは、全世界を祝福します」

祈りを終えると、彼はまるで当たり前のことが、当たり前に起こっただけのように、静かに着席しました。大師たちもまた、平静でした。しかし、隊員たちは、すっかり興奮していました。

やがて姿なき聖歌隊が、「人、皆名称の中にあるパワーを知る。ゆえに人自らを王と宣り、然る後、慎ましく、自らを最高に統治せんことを」と、歌いだしました。

この驚嘆すべきパワーの実演中、私たちは、自分自身の緊張と興奮に気づきませんでしたが、聖歌が終わったとき、初めてそれに気づきました。

何か緊張を解きほぐしてくれる音楽が、私たちには、必要だったようでした。

音楽の最後の調べが消えると、私たちはテーブルから立ち上がり、大師たちと僧院長の周りに集まりました。そこでリーダーと隊長に質問のチャンスが生まれたわけです。

僧院長は、二人の熱心な様子を見ると、僧院での一泊を勧めたので、二人は私たちに別れを告げると、部屋を出て行きました。


翌日は、正午出発の予定でした。

ジャストとチャンダー・センだけが、準備地点まで同行することになっています。

同地点でエミール師が私たちに加わり、この三人ともが、私たちの冬中の宿営地となっている村に帰る予定です。

これだけの手筈《てはず》をしておいてから、私たちはキャンプに帰りましたが、目の当たりにした出来事の話し合いに熱中して、結局明け方までほとんど眠りませんでした。

第16章

偉大なる魂たちと共に過ごした2年目の終わり

馬賊たちに下にも置かないもてなしを受ける

12時に最後の準備をすべて終え、探検隊は、見送りに集まっていた村の半数以上の人々の歓呼と道中無事を祈願する声の中を出発しました。

次の休憩地点には、その日の夕方6時頃到着しました。

ところが、その後広い河を渡らなければならず、渡河の準備に翌日の大部分を要するので、ここで宿営するのが得策と思われました。橋もないし、ボートもないので、革紐で大きなケーブルを編んで河の上に渡し、それを滑って渡河しました。と言っても、渡河はそれほどの苦労もせずにすべて完了しましたが、馬やラバを渡すのは、難航しました。革紐で強い吊り紐をつくり、それに細工を施し、革のケーブルとの接合部が、ケーブルにフィットして滑るようにすることで、ようやく上手くいったのです。まず、吊り紐を馬やラバの体の周りにしっかりと結びつけた後、ケーブルに固定します。そして、彼らを断崖まで押しやり、轟々たる音を立てて流れる河の上で、吊られた状態にします。この吊り紐には、向こう岸まで届く長さの縄を二本結びつけてあり、一本は彼らを向こう岸まで引っ張るもの、もう一本は吊り紐を引き戻すためのものとしたのです。このようにして、無事渡らせ終えることができました。

それ以上の難儀は、これと言って経験しませんでした。

渡河は別として、道にしても、これまでよりは、遥かに良かったのです。

こうして漸く準備地点に無事到着し、そこで探検隊を解散し、帰国する隊員には、普通の隊商ルートを通って海港まで行く手はずを整えました。

その翌朝、エミール師が私達に加わり、同僚たちに別れを告げてから、昨冬宿営地にしていた村への帰途につきました。

途中、前述の馬賊のキャンプに2日間宿泊して休養を取り、そこに隊員を2名残したので、都合7名となりました。この二人は、自分たちの経験した旅や、見てきた奇跡を、馬賊たちに話していました。

私たち一行は、下にも置かないもてなしを受けました。エミール師、ジャスト師、チャンダー・セン師に対しては、私たち以上に敬意が払われたことは、言うまでもありません。

馬賊の頭目は、前に私たちから受けた好意の返礼に、「廃都のあるところには、決して近づかない」と、確約してくれました。この馬賊たちが、そう遠いところまで荒らしに行こうと企てることは、ほとんどないそうです。砂漠の賊と山地の賊は非常に不和なので、砂漠の賊は山を荒らさず、山の賊は、決して砂漠を荒らしません。私たちの知る限りでは、今までのところ、彼らは忠実にその約束を守ってきました。

馬賊から進呈された護符は、700年以上も昔に造られた銀貨だった

このキャンプから去る日の朝、馬賊の頭目がやって来て、チーフに英国の1シリング硬貨と同じくらいの大きさと重さのシルバーの硬貨を進呈してくれました。それには、珍しい刻印がしてありました。

この地方の馬賊の誰かに、私たちが略奪の目に遭っても、これを見せれば、すぐに釈放されるというものです。

頭目の話によると、これは彼の家族が幾代にもわたって所持してきたもので、彼自身非常に大事にしてきたのですが、チーフに尊敬の徴《しるし》として進呈するそうです。

エミール師が詳細に調べてみると、それは数千年前、北ゴビで使用されていた通貨に非常に似せて造ったものでした。その日付で、それが700年以上も昔に造られていたこと

が判明しました。

また、エミール師の話では、この硬貨は、この土地の人たちが一種の護符として身につけたもので、古いほど効果的だそうです。そういうわけで、これがこの馬賊の頭目や、その手下たち全員に非常に重んじられていたことは、間違いありません。

この村からさらに行程を重ね、後はこれという事件も起こらないうちに、冬季の宿泊地に着きました。するとそこには、嘗《かつ》て砂漠で私たちを訪ねて来たことがあり、その後、例の僧院長と会った村で別れた隊が先に宿営していて、彼らから、心からの歓迎を受けました。

私たちはまた、前述の女将の家にも泊まるように勧められたので、喜んで応じることにしました。

11名残っていた同僚のうち、七名は研究調査を進めるために、インドとモンゴルに戻っていたので、今度は四名しかいませんでした。記録類の翻訳の時間をもっと増やすために、そうした処置が取られたのです。

この小さな村は、至るところが静かです。我々は、古代のアルファベットとなっている文字や符号を、我々の使い易いように、そして、言葉の意味が判りやすいように、適宜整理することにして、手持ちの時間を全部そのことに注ぎ込みました。これが、12月の最終日まで続きました。

大晦日になると、年ごとの集会に、今年もまた若干の人たちが集まっているのが判りました。全員ほとんど昨年会った人々です。今年の集会所は寺院で、前にも説明した岩棚にくり抜かれた5室のうちの真ん中の部屋で行われるそうです。

このメンバーに会って話し合いもするつもりで、大晦日の夕方この部屋に行ってみました。

会衆は各地から集まっていて、私たちの方では、もう縁は切れたのではないか等と考えだしていた下界の出来事を私たちに話してくれました。縁が切れた思いをしていたとはいえ、私たちはそれでも仕事が楽しく、時が速やかに過ぎていっても、満足していたのです。

梵鐘の完全なハーモニーの中、イエスと僧院長、エミール師が現れる

会衆と話をしているところへ、ゲストの一人がやって来ました。月の眺めが見事だというので、隊員一同はじめ、室内にいた何名かの人たちが、岩棚の上に出てみました。

このような高地からの眺望は、実に美しい。月は今しがた昇ったばかりで、微妙な色層の中を浮かぶように、色層は山谷を蔽《おお》う雪に照り映え、しかも絶えず変化しています。

「そうだ。今夜鐘が鳴るんだ」

誰かがそう言ったかと思う間もなく、梵鐘が響きだしました。

初めは遠くの鐘が3回鳴ったようでしたが、だんだん小さな幾つもの響きになって次第にこちらに近づき、やがてすぐ足許で小さいいくつもの鐘が響いている感じです。それがあまりにも生々しく本当に足許に鐘があるのではないかと思って、下を見降ろすほどでした。

このメロディーはなおも続き、遂に数千もの梵鐘が、完全なハーモニーを奏でながら、鳴り響きます。彩雲までが、私たちの立つ岩棚と同じ高さにかかり、乗り移れるのではないかと、見紛うほどです。色彩の雲層が波を打ちながら昇りゆくにつれて、梵鐘の音もいやがうえに高まり、隅の隅まで高まり、隅の隅まで響き渡ってゆきます。

鐘の梵音に聞き入る数千のおぼろな人影と共に、巨大な半円形野外劇場の舞台に立っている思いでした。

突然、誰かがテノールの声で力いっぱい「アメリカ」を歌いだしました。途端に数千の声が歌詞をこだまし、鐘もまたメロディーを運びました。こうして力強く歌が響き渡って終わると、後ろの方で五、六名の人が、

「アメリカよ、我々は汝に挨拶する」

と言うと、

「全世界に我々は挨拶する」

という何名かの声が聞こえました。

後ろを振り向くと、そこにイエスと僧院長とエミール師が立っています。周囲のこの情景にまったく魅了されていたので、この方々が近くにいらっしゃることに、まったく気がつきませんでした。みんな脇へ寄って三名が入室できるように道を開けました。

イエスが向きを変えると、イエスが臨在するときに、必ず輝くあのはっきりした輝きが見えました。イエスが戸口から中へ入ると、部屋一面が、白光になってしまいました。やがて一同は中へ入り、テーブルを前にして並びました。

イエスは1番目のテーブル、僧院長は私たちのテーブルの前に座り、エミール師と隊長

がそれぞれ陪席しました。

今度の場合は、部屋の長さに従って、テーブルが二つあるだけで、初めは何のカバーもしていなかったのに、私たちが座ると、何処からともなく白リネンのカバーが掛かり、ほとんど同時に挨拶が始まりました。パンは別として、料理は食器に盛られて現れるようです。

イエスの教え／私は、今ここ、この地上で、生きる人々の中に天国を見た

イエスの前に一塊のパンが現れました。それをイエスは取り上げて幾つにも割き、一枚の皿の上に置きました。皿が一杯になると、子供のような姿の者が、一人現れ、それを捧げ持って黙って立っていると、そのうち皿が7枚とも一杯になり、七名のおぼろな人影がそれを捧げ持っています。

イエスが次々とパンを割き、皿が一杯になっていっても、元のパンは少しも減りません。やがて最後の皿も一杯になるとイエスは立ち上がり、両手を広げて語りました。

「私があなた方に分けるこのパンは、神の清純なる生命の象徴である。この常在清純なる

神の生命に与るがよい」

　パンが回されると、教えは続けられました。

「私が『挙げられる』と言ったとき、また『挙げられることによって、多くの人々を私に引き寄せる』と言ったとき、私のこの体験によって、いつの日か、すべての人が私と同じように挙げられ得ることを直接充分に知り、且つその日を自分の目で見るだろうことが、私には判っていた。

　私は、今ここ、この地上で、生きる人々の中に天国を見たのである。

　これこそ、私の見た真理であって、真理はすべてを自由ならしめるであろう。

　その時人々は、ヒツジの群れはただ一つ、羊飼いはただ一人であることが判るであろう。

　1匹が迷えば、99匹をおいてでも、その1匹を探し出して連れ戻す方が安全である。神の子にとって、神はすべてのすべてであり、すべては神のものである——神にとって、神の子たちは野の花や百合よりも遥かに近く、遥かに愛しい。神が百合の成長を歓び、雀の落ちるのを見るのであれば、神の子たちの場合は、いかになお歓ぶことか。

　神はその愛する子たちの成長を見る。神は百合や雀を裁かない。それと同様に、神の子たちを裁かず、却ってその偉大なる目的のゆえに愛おしみ、目的完遂の暁にも、唯一人として、漏れ残る者はいない。

この理念が、もしも世界中の偉大なる思想の殿堂の壁に純金の文字で刻まれるならば、人々は、己が想念を暗い泥沼から昇華させ、その足は強固な岩盤の上に立つようになるだろう。風吠え波打つとも、不動の信念と誠実とをもって毅然として立つならば、そこにはいかなる不安もない。

このことを私は知り得たのです。かくて、安全、平和、静穏なるが故に、人々はその本領である『高所』へ到達することを目指すであろう。

しかし、高く飛翔はしても、天国は上には見出されず、人々の間にこそ在ることを、人は知るであろう。それは労苦と悲哀と大いなる艱難《かんなん》の中を喘ぎ喘ぎ行き着いた末、ようやく大いなる宝を見出すのではなく、物質に囚われる心と、永遠の輪廻の車に人を呪縛する律法をかなぐり捨てることによって、初めて速やかにこの『宝』に到達する。

然る後、一歩踏み出し、『宝』を取りあげ、それと一体となって、光を放たせよ。

こうしてまっすぐ一歩踏み出しただけで、永遠に逃したかもしれないものを、自分のものにするのである。すなわち、完全な霊的光輝と解放を求めて止まない魂を、今ここに見出したのである。

また、神と人との関係は、親と子の関係であったことを知り、それによって、神の子の可能性が明らかになるだけでなく、この可能性は活用されるためにあり、自分の意志に従って働くことを速やかに悟るであろう。

そうした人にとっては、新約聖書の物語が作り事ではなく、死後初めて実現するような覚束《おぼつか》ない夢でもなく、世の人々の前に掲げられた理念であり、愛と奉仕の生活を完全に生き切るという理念なのである。しかも、この聖なる理念は、今此処において、すべての人の成就し得る神聖なる像である。

すべての人の想念の中に、魂を照らす錬金術がある

人々はその時、『入るを求める者は多いけれど、入ることなかるべし、永生に至る門は

狭く道は狭し』と、私が悟ったとき、私の描いていたビジョンが判るであろう。
内在のキリストを顕現するという理念と、まさに此処地上における神聖かつ完全なる神と人との協働計画を正しく理解することができなければ、この理念の実現は不可能であり、それは単なる一握《いちあく》の夢、神話、結局のところ、空無でしかない。

人間の内なる大霊の持つ、この全能且つすべてを変質する錬金術に近づく門は、常にすべての人に開放されており、開門のカギは、すべての人の想念の中に在るのである。

理念や救いや神の恩寵に至る方法が二つに分かれて異なるとも、その原因は人間の考え方の中にあるのであって、神にあるのではない。神の子たちすべてへの神の祝福に対し門戸を鍵する者は、キリストなる神の子に、神が直接与える祝福から自らを隔離し、大霊の形而上的秘法がもたらす霊的光輝と、己がキリストとして用いるようになり、且つ用いるべき全能力から自らを断絶する者である。

このことを人が知ったとき、病人も忽ちにして癒え、萎えた手も元のごとくなり、人に触れただけでその人の心身の病はすべて消え失せてしまうであろう。また言葉の集中によってパンや魚を増やし、群衆のためにパンを割き、油を注ぐとも、いささかも減ずることなく、却って豊かに余るであろう。

また、荒れ狂う海や嵐に命じて鎮め、地球の引力も消して浮揚するであろう。

さらにまた、あの日私が神殿を出て、後の私の一生の教えの第一声となった『時は満てり。神の国は近づけり』、『神を信ぜよ。然らば不可能なるもの無かるべし』と語ったときの私の思想が判るであろう。

私と同じ業を為し得ると信じてそれを為す者は、私以上の大いなる御業さえを成し得るのである。

それは、神の生命を生きること、信ずること、知ることの自然の結果であることが判るであろう。

その時、もはや成し能わざるものは、絶対に何もないのである。

内在のキリストの教えは、無限なる全能の錬金術である

聖霊、すなわち人々に内在する神の霊のすべては、人々がこの聖霊の声を聞き、ハート

を頑《かたく》なにさえしなければ、世の光となり、この光に従う者は、闇を歩むことはないであろう、と昔も今も語っている。

そのような人は、自分みずからが世の人々を生命の光に入らしめる門であることを知る。


彼らは、内在のキリストが、人々の魂のドアを開き、その中にましますが宇宙のごとく、無限なる全能の錬金術であることに気づく。

錬金術は、あらゆる種類の病を溶融し、変質せしめ、この世の生活から罪の意識と罪の結果を拭き浄め、完全なる神の叡智の光をもって魂を照らし、人生の闇黒《あんこく》から解放し、かつ闇黒自身を解消して、完全なる生命の光に変化せしめるであろう。

こうして、人は自然の子であるのみならず、神の子であることを悟り、個人としても絶対的で完全な像を顕現し、また、人類全体をも、完全なものとするであろう。かくて彼らは、理念を示し、ここ地上における人類の終局の命運について、神からインスピレーションを受けたる預言を成すであろう。

人類終焉《しゅうえん》の命運とは、すなわち『父と子』が同じであることであり、これすなわち第二の生誕、すべての状況と環境の完全なる支配である」

ここで、イエスは説教を中断しました。光は、ますます強くなりました。

その時、また映写が始まり、画面は絢爛《けんらん》華麗な状況の爆発です。次々と新しい画面が現れ、そのうちある手が伸びてそれに触れると、一大全景となりました。


やがて、大戦争の場面になりました。

人と人とが争い、闘い、大砲が火炎と硝煙を吹きだし、弾丸が、頭上あるいは、群衆の中で炸裂し、四方八方に人が倒れていきます。その阿鼻叫喚は、まさに聞こえんばかりです。あまりにも生々しく、現実に目の当たりに戦が演じられているかのようです。

しかし、前述の画面転換の手がその上に伸びると、一瞬にしてすべてが静寂に帰するのでした。

一瞬前にあれほど熾烈な闘いをしていた人々が上を見上げると、例の手が文字を書き記し、それが炎となって燃えながら、全情景の上に広がっていきます。

『平和、平和、神に祝福されたる平和、汝らを取り囲みてあり、汝らはただ死滅すべきものを、傷つけ、破壊し得るのみ。神に属するものは、破壊することは能わず。汝ら神の子なり。ゆえに汝ら、互いに傷つけることも、破壊することも能わず』
その一瞬後、画面の人物たちは、戦争の続行を決めたらしく、その様子は、多くの者、特に指導者たちの顔に現れています。しかし、続行しようと決意すればするほど、暴力発揮の大義名分が少なくなるようです。
破壊武器を使用しようとすればするほど、その効果は低く、どんなに努力しても、使える武器が一つもないのです。

例の手は、なおも書き続けていきます。

『人、その面《おもて》を上にさえ向けんか。すべての闘いあるいは嵐の雲の背後に神を観るべし。嵐の雲も、戦いの雲も、神の造りしに非ず。人の造りたるものなるを知るべし。

さらにその彼方を観なさい。神の御手常に平和のうちに挙げられているを知るべし。戦争も神の造りしに非ず。明らかに非ず。

人、互いに闘うとき、人はまったく神の領域、神力の埒外《らちがい》にあり、然るとき、神といえども、如何ともなし能わず。彼らまったく自らの造りし領分に埋没する。かくのごとき戦いの誤りを悟るまで、現状のまま続行するべからず。

神の力を強く強く理解し、神の力に協力する能力が本来己に備わるを知り、かつ協力を実行すれば、この画面において、汝ら観るがごとくに、直ちに戦争を停止し得るなり』

生命と肉体を完成すれば、たとえ破壊されても再建し、一層輝く

さらに、イエスは語り続けました。

「私は、十字架の道を選んだ。それは、神が私のために選んだのではなく、私が選んだのである。それは、かくして生命と肉体を完成すれば、たとえ破壊されるとも再建し、一層勝利に輝くことを、すべての人が悟らんがためである」

いくつもの光がさらに一層明るくなり、ついに制約するものすべてが、その痕跡さえが消えてしまいました。私たちを囲む壁も頭上を覆う屋根も、足許を支える床もすべて消え、ただ無限の空間の中に共に立つのみでした。

そこへ12名の使徒たちが現れ、偉大なる大師の近くに整列しました。やがて、姿なき聖

歌隊が力強く歌いだしました。

「神の国は今、此処に、人のために、人のものとして、人の間に在り。今もこれより後も、永遠に人は一人、神は一柱のみ」

例の画面転換の手が再び現れて、字を書き記しました。

『すべては神のため、神はすべてのため』

仏陀が再び現れて、イエスの右に立ちました。

僧院長とエミール師がお二人の所に近づき、エミール師は仏陀の右、僧院長はイエスの左に向かって膝をつきました。

イエスの御手が、仏陀の軽く挙げた御手を握り、お二人とも、空いている片方の御手を挙げ、膝をついている二人の頭の真上までもってくると、

「平安なれ、平安なれ、平安なれ！　栄光に輝く平安、ものみなの上に安らう。我ら、愛する兄弟なる汝らを、神の慈悲深き、愛の偉大なる評議委員会に加盟せしむ。偉大なる愛と友情は、全世界をその中に包容する」

と、述べました。

参加者一同は頭を垂れ、集会メンバーはこの四人の方々のために通り道を開けました。四人の方々が通り終えると、使徒たちと数名の参加者がその後に続き、やがて遂に、私たちの視界から消えました。この方々が、集会メンバーの中を通り始めたとき、姿なき聖歌隊は、再び歌いました。

「愛の下に兄弟である、強力なる彼らに、道を譲ろう。なぜなら、神の愛の下に偉大なる評議員会（council）を構成し、神と兄弟である人類は、神の強力な愛によって、贖われ、一つに結びつけられるのだから」

彼らが視界から消え去るそのとき、大いなる梵鐘の音が12回響きだしました。

暫くの間は、幾多の鐘が次の心地良いリフレイン（歌詞の繰り返し）を奏で、数千の声がまたこれに加わって歌い、鳴り響くのでした。

「我ら歓びの新しき年と、より輝かしき日を、全世界にもたらす」

この偉大なる魂たちと共に過ごした2年目も、こうして幕を閉じたのです。

著者：ベアード・スポールディング　Baird T. Spalding
1872年ニューヨークに生まれる。
1894年、科学者を含む11人の調査団とインド、チベットへ旅し、そこでヒマラヤ聖者たちの行う様々な超人的御業を目にする。この体験をまとめた記録は1924年に出版され、現在に至るも世界中で高い評価を受け続けている。日本では『ヒマラヤ聖者の生活探究』の題で親しまれている。
1953年、80歳で死去。

訳者：成瀬雅春　なるせ まさはる
ヨーガ行者、ヨーガ指導者。1976年からヨーガ指導を始め、1977年２月の初渡印以来、インドを中心にアジア圏を数十回訪れている。地上１メートルを超える空中浮揚やシャクティチャーラニー・ムドラー（クンダリニー覚醒技法）、心臓の鼓動を止める呼吸法、ルンゴム（空中歩行）、系観瞑想法などを独学で体得。2001年、全インド密教協会からヨーギーラージ（ヨーガ行者の王）の称号を授与される。2011年６月、12年間のヒマラヤ修行を終える。成瀬ヨーガグループ主宰。倍音声明協会会長。朝日カルチャーセンター講師。主な著書に『ヒマラヤ聖者が伝授する《最高の死に方＆ヨーガ秘法》』(ヒカルランド)、『クンダリニーヨーガ』『ハタ・ヨーガ 完全版』(ともにBABジャパン)、『インド瞑想の旅』(中央アート出版社)、『仕事力を10倍高める』シリーズ（PHP研究所）は韓国でも発刊、監修に『あるヨギの成功の黄金律』(フォレスト出版）など。

〔問い合わせ先〕
〒141-0022　東京都品川区東五反田2-4-5　藤ビル５階
成瀬ヨーガグループ
E-mail　akasha@naruse-yoga.com
URL　https://naruse-yoga.com/

Life and Teaching of the Masters of the Far East, Volume 2
Copyright © 1927, 1937, 1944 by Baird T. Spalding
Copyright renewed, 1972
Japanese translation rights arranged with
DeVorss & Company
through Japan UNI Agency, Inc., Tokyo

＊本作品は2013年７月、ヒカルランドより刊行された『[実践版] ヒマラヤ聖者への道Ⅰ　2 内なる無限の力と完全なる法則』の新装分冊版です。

新装分冊版［実践版］ヒマラヤ聖者への道2

内なる無限の力と完全なる法則

第一刷　2022年2月28日

著者　ベアード・スポールディング

訳者　成瀬雅春

発行人　石井健資

発行所　株式会社ヒカルランド

〒162-0821　東京都新宿区津久戸町3-11　TH1ビル6F

電話　03-6265-0852　ファックス　03-6265-0853

http://www.hikaruland.co.jp　info@hikaruland.co.jp

振替　00180-8-496587

本文・カバー・製本　中央精版印刷株式会社

DTP　株式会社キャップス

編集担当　小澤祥子

落丁・乱丁はお取替えいたします。無断転載・複製を禁じます。

©2022 Naruse Masaharu Printed in Japan

ISBN978-4-86742-042-3

『3　深奥の望みを実現する法則』

宇宙一切を救う方策

この本一冊あれば《すべて》が手放せる

成瀬雅春〈エミール師と私〉第二話収録

四六ハード　予価 3,000円＋税

『4　奇跡と創造の原理』

宇宙の全貌［I AM］へ大悟すれば

あなたは神そのものとなる

〈舩井幸雄と『ヒマラヤ聖者の生活探究』〉第二話収録

四六ハード　予価 3,000円＋税

『5　久遠の生命』

すべては光、すべては波動

内なるキリストに目覚めた者に流れ込む超パワー

成瀬雅春〈エミール師と私〉第三話収録

四六ハード　予価 3,000円＋税

『6　完全なる調和と統合へ』

空間移動、食物の無限供給、肉体の消滅

人間の超人への飛翔を後押しする本邦初訳の瞠目の書

〈舩井幸雄と『ヒマラヤ聖者の生活探究』〉第三話収録

四六ハード　予価 3,000円＋税

◉舩井幸雄氏が絶賛してやまない永遠の聖なる書『ヒマラヤ聖者の生活探究』が、エミール大師を師とする成瀬雅春氏のリアル新訳で蘇る！

◉愛と光の超人となって、すべての困難をスルーして行こう！

そのためのノウハウは全部この本に記されている

◉実践するためには、お金も物もマスターと出会う必要もない

あなたの中に元々ある魂に磨きをかけるだけ

◉ヒマラヤ聖者のパワーは、イエスが使った「神の力」と同じものであり、その力は、今ここで、あなたに使われるのを待っている！

◉日本未訳の第６巻が加わって、ついに完結！

『[実践版] ヒマラヤ聖者への道』
新装分冊版全６巻　順次刊行！

ベアード・スポールディング著、成瀬雅春訳

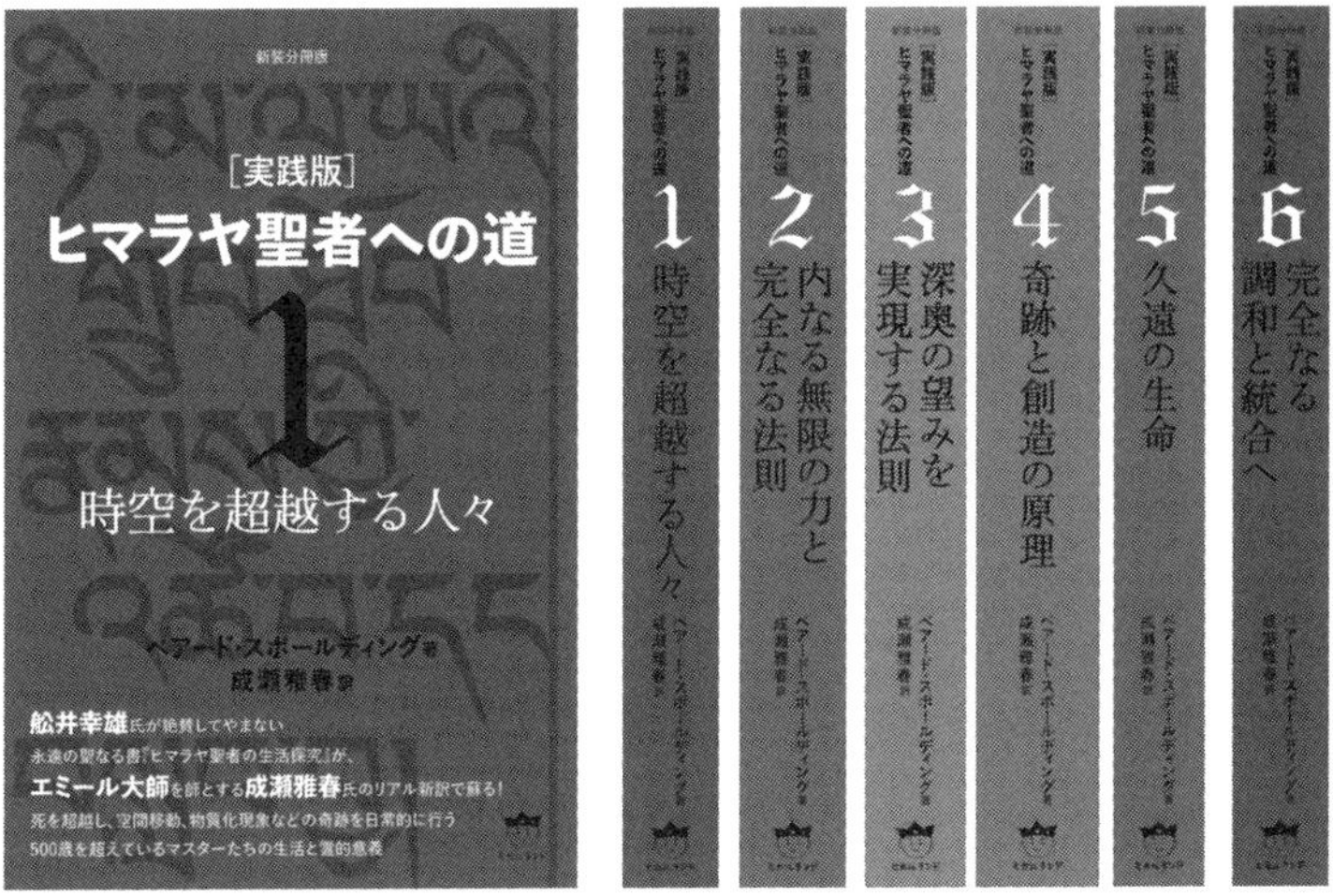

『1　時空を超越する人々』

人間一切を救う方策

成瀬雅春〈エミール師と私〉第一話収録

四六ハード　本体 3,000円＋税

『2　内なる無限の力と完全なる法則』

地球一切を救う方策

〈舩井幸雄と『ヒマラヤ聖者の生活探究』〉第一話収録

四六ハード　本体 3,000円＋税

ヒカルランド　好評四刷！

地上の星☆ヒカルランド　銀河より届く愛と叡智の宅配便

ヒマラヤ聖者が伝授する
《最高の死に方＆ヨーガ秘法》
著者：成瀬雅春
四六仮フランス装　本体2,400円+税

〝大いなる悟り〟のマハー・サマーディは、ヨーガ行者の理想的な死を意味する。ヨーガに熟達すると、自分自身の意思で、自分が選んだ日に自然死することができる。もちろん、自殺とは違う。現世に対する執着から離れて、人間としての勉強を終えると、ヨーガ行者は解脱（ムクティ）を得ることができる。そのレベルに達した行者は、自分の意思で人生を終えることができる。

ヒカルランド　好評既刊！

地上の星☆ヒカルランド　銀河より届く愛と叡智の宅配便

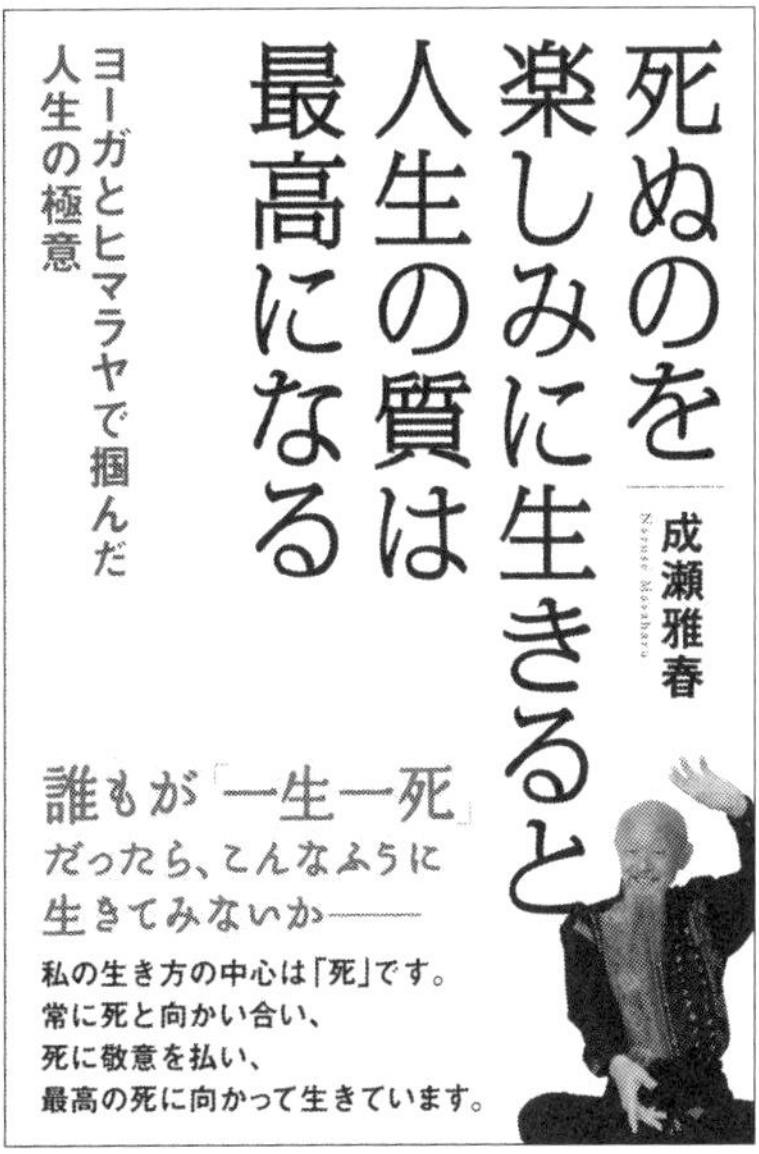

死ぬのを楽しみに生きると人生の質は最高になる
著者：成瀬雅春
四六ソフト　本体 1,620円+税

人はいつ死ぬかわかりません。あなたは、いま、この瞬間に死が訪れたとしても、何一つ後悔しないで、死を迎えられますか？　生きることに対する安心感は、死ぬことに対する不安の解消につながります。死なんてずっと先のことと目を逸らさず、豊かな人生を送るには——。日本のヒマラヤ聖者が「最高の死」に向かう生き方を語ります。

ヒカルランド　好評既刊！

地上の星☆ヒカルランド　銀河より届く愛と叡智の宅配便

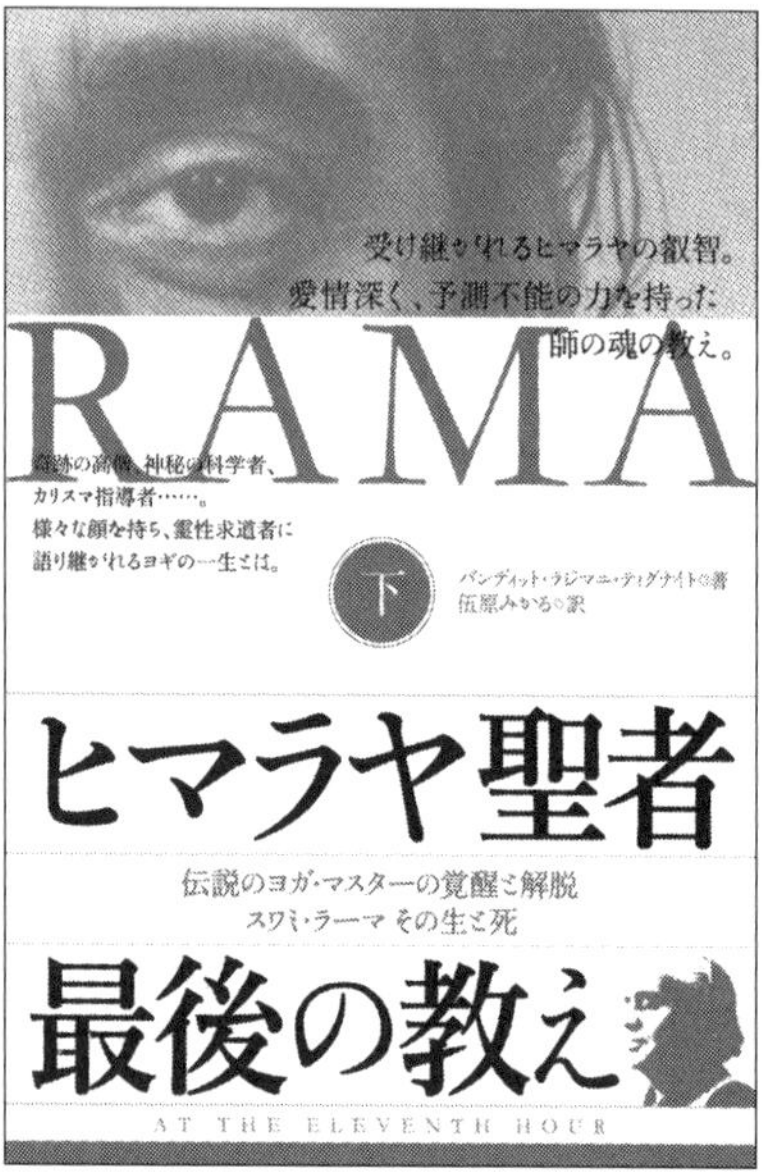

ヒマラヤ聖者 最後の教え 下
伝説のヨガ・マスターの覚醒と解脱 スワミ・ラーマその生と死
著者：パンディット・ラジマニ・ティグナイト
訳者：伍原みかる
四六ソフト　本体2,778円+税

受け継がれるヒマラヤの叡智。愛情深く、予測不能の力を持った師の魂の教え。

奇跡の高僧、神秘の科学者、カリスマ指導者……。

様々な顔を持ち、霊性求道者に語り継がれるヨギの一生とは。

伝説のヒマラヤ聖者、スワミ・ラーマの最後の弟子が、師が起こした様々な奇跡とその生涯。アメリカに活動拠点を移し、社会活動に貢献した壮年期から晩年の様子を綴る。

光り輝くばかりの偉大なマスターはたくさんいる。その中でもスワミ・ラーマがきわだつのは、彼の人生の冒険物語が私たちのものとよく似るからだ。

スワミジの生涯は私たちと神がどうつながればよいのか、潜在させるものをどう開花すればよいのか、より高邁な目標と人生の意義を見失わず、いかにこの世で成就にいたれるかを示した――。（本書より）

ヒカルランド　好評既刊！

地上の星☆ヒカルランド　銀河より届く愛と叡智の宅配便

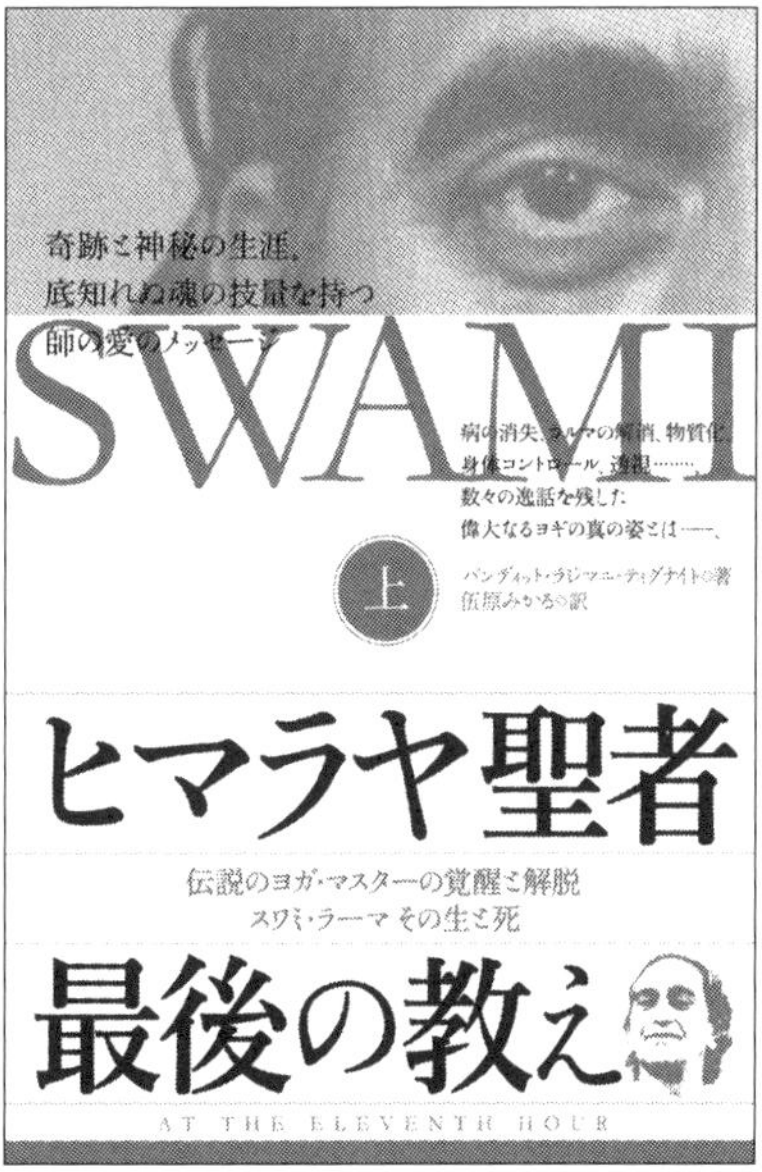

ヒマラヤ聖者 最後の教え 上
伝説のヨガ・マスターの覚醒と解脱 スワミ・ラーマその生と死
著者：パンディット・ラジマニ・ティグナイト
訳者：伍原みかる
四六ソフト　本体2,778円+税

奇跡と神秘の生涯。底知れぬ魂の技量を持つ師の愛のメッセージ
病の消失、カルマの解消、物質化、身体コントロール、透視……。

数々の逸話を残した偉大なるヨギの真の姿とは――。

伝説のヒマラヤ聖者、スワミ・ラーマの最後の弟子が、師が起こした様々な奇跡とその素顔。幼少期から青年期のヒマラヤ修行時代のエピソードを綴る。

スワミジの一生がメッセージだ。

「君らは神の子どもであり、何であれ、望むものになれる無限の可能性を秘めている」

このメッセージを解するものには、この地上に恐れるものなど何もないことを、彼は――そして聖者らみなが――知る。（本書より）

ヒカルランド　好評既刊！

地上の星☆ヒカルランド　銀河より届く愛と叡智の宅配便

ドリーム・ヨガ
明晰夢と睡眠を媒体として使えば、心が変わり、人生が変わる！
著者：アンドリュー・ホレセック
序文：スティーブン・ラバージ
訳者：大津美保
Ａ５ソフト　本体 3,600円+税

明晰夢と睡眠を媒体として使えば、心が変わり、人生が変わる！　私たちは夢と同じもので作られている。だから夢で人生を浄化できるのです！

無意識の中に溜まり切ったゴミは夢でこそ浄化できる。良い輪廻と良いカルマの無限ループを起こしましょう！

かろやかなる覚醒ライフへの導き【実践チベットヨガエクササイズ】